ミクロ経済学演習

井堀 利宏 著

新世社

はしがき

　本書は例題を用いて，ミクロ経済学の初歩的な理論と政策問題に関して，体系的に解説したものである．読者は，例題形式の解説を通じて，ミクロ経済学に関する議論を深め，また，練習問題を考えることで，大学におけるミクロ経済学の入門レベルの講義や公務員試験などの試験問題とほぼ同程度の内容を，容易に理解することができるだろう．したがって，大学で入門レベルのミクロ経済学を学ぶ学生のみならず，経済政策に関心のある社会人にも，興味のある内容となっている．

　本書の各章は，解説，例題，練習問題の３つの部分から構成されている．解説ではミクロ経済学の基礎的な知識が整理されており，例題では代表的で重要な問題が詳細に解き明かされている．練習問題は読者の理解を確認するためのものであり，巻末にすべての解答例が用意されている．

　経済学は社会科学の中では，分析用具が体系的に整備されている分だけ，経済学の入門書といえども，内容が難解なものも多い．とくに，ミクロ経済学は理論的な枠組みが明確な分だけ，高度な内容に偏りがちである．ミクロ経済学のテキストの中には入門レベルのものであっても，高度の数学的知識を前提とするものも多いが，本書は数学の知識をほとんど前提としていない．一部の章では簡単な微分が出てくるが，それを読み飛ばしても全体の流れがわかるように解説している．

　一方で，最近では現実の経済事情のやさしい解説書も多く出版されている．しかし，それらの解説書は，ともすれば現実の経済制度，経済データの解説に終始しており，どのような切り口で経済問題を理解し，評価するのかという理論的な枠組みの点で物足りないものも多い．ミクロ経済学をきちんと理解することは，現実の経済問題や政策を考える上でも，きわめて有益である．

本書は問題形式を活用することで，ミクロ経済学の理論的な知識を読者が自己点検することができるようになっている。読者は，小さな努力で大きな成果を期待できるだろう。本書は，ゲーム理論の初歩的な解説も加えることで，ミクロ経済学の主要な部分をすべてカバーしており，読者は基本的な知識の範囲内でも，興味あるミクロ経済分析が十分に可能であることを理解できるだろう。比較的コンパクトな分量の中で，理論と現実のバランスのとれた演習書にすることができたと，著者は考えている。

　さらに，新世社から公刊されているテキスト『入門ミクロ経済学』を，本書と同時に活用することで，ミクロ経済学の初歩的な原理と経済政策への応用をより十分に学ぶことができるだろう。章の構成は『入門ミクロ経済学』と同じであるから，それぞれの章で扱われているトピックのより詳しい解説については，『入門ミクロ経済学』を併用されたい。

　本書の企画および出版に際しては，新世社の御園生晴彦氏から多くの助力を得た。また，新世社編集部の本宮稔氏には，原稿の編集や校正段階で，大変お世話になった。厚くお礼申し上げたい。

　　2001年6月

　　　　　　　　　　　　　　　　　　　　　　　　　　井堀　利宏

目　次

1　需要と供給　*1*

1.1　ミクロ経済学とは何か　*1*
1.2　需要曲線　*5*
1.3　供給曲線　*9*
1.4　弾力性　*13*
1.5　市場価格の決定　*19*
1.6　市場への介入　*24*

2　消費の理論　*27*

2.1　家計の行動　*27*
2.2　予算制約式　*31*
2.3　無差別曲線　*34*
2.4　主体的均衡点　*38*
2.5　所得効果と代替効果　*43*
2.6　需要曲線　*52*

3　消費理論の応用　*55*

3.1　労働供給　*55*
3.2　消費と貯蓄の選択　*60*
3.3　不確実性と顕示選好の理論　*66*

4 企業と費用 71

- 4.1 企業の目的 71
- 4.2 生産関数 74
- 4.3 等生産量曲線と等費用曲線 78
- 4.4 費用関数 82
- 4.5 短期と長期の費用曲線 88

5 生産の決定 93

- 5.1 利潤の最大化 93
- 5.2 供給曲線 100
- 5.3 市場の供給曲線 105

6 市場と均衡 109

- 6.1 完全競争 109
- 6.2 市場取引の利益 115
- 6.3 政策介入のコスト 118
- 6.4 資源配分の効率性 121

7 要素価格と所得分配 127

- 7.1 要素価格の決定 127
- 7.2 レントと固定的な生産要素 133
- 7.3 初期保有量と所得再分配 138

8 独占 143

- 8.1 独占企業の特徴 143
- 8.2 独占と市場 149
- 8.3 自然独占と規制 155
- 8.4 参入をめぐる競争 159

9 ゲームの理論 *165*

- 9.1 ゲーム論の構造 *165*
- 9.2 ナッシュ均衡 *169*
- 9.3 動学的なゲーム *174*
- 9.4 繰り返しゲーム *178*

10 寡占 *185*

- 10.1 寡占とは *185*
- 10.2 寡占企業の価格決定 *188*
- 10.3 クールノー均衡 *193*
- 10.4 ベルトラン均衡 *196*
- 10.5 シュタッケルベルグ・モデル *199*

11 外部性 *205*

- 11.1 市場の失敗 *205*
- 11.2 コースの定理 *212*
- 11.3 公共財 *216*

12 不完全情報 *221*

- 12.1 情報の非対称性 *221*
- 12.2 エイジェンシーの理論 *224*
- 12.3 逆選択 *227*

問題解答 *233*
索引 *255*

例題一覧

■ 第1章　需要と供給

1.1　ミクロ経済学とは何か
　例題1.1　ミクロ経済学の歴史を説明せよ　3
1.2　需要曲線
　例題1.2　需要曲線をシフトさせる要因に関する問題　6
　例題1.3　需要曲線から価格・需要量を推測する問題　7
1.3　供給曲線
　例題1.4　供給曲線のシフトに関する問題　10
　例題1.5　供給曲線のシフト・パラメータに関する問題　11
1.4　弾力性
　例題1.6　非弾力的な財に関する問題　15
　例題1.7　需要曲線の弾力性に関する問題　16
　例題1.8　需要の価格弾力性に関する問題　17
1.5　市場価格の決定
　例題1.9　需要曲線のシフトに関する問題　21
　例題1.10　需要と供給それぞれの価格弾力性に関する問題　22
1.6　市場への介入
　例題1.11　間接税の効果に関する問題　25

■ 第2章　消費の理論

2.1　家計の行動
　例題2.1　効用関数と限界効用に関する問題　29
2.2　予算制約式
　例題2.2　予算線と予算制約に関する問題　32
2.3　無差別曲線
　例題2.3　無差別曲線の定式化に関する問題　36

2.4 主体的均衡点
　例題2.4　主体的均衡の条件に関する問題　*39*
　例題2.5　予算制約式と効用に関する問題　*40*
2.5 所得効果と代替効果
　例題2.6　所得効果に関する問題　*46*
　例題2.7　代替効果に関する問題　*47*
　例題2.8　所得効果・代替効果と財の需要に関する問題　*48*
2.6 需要曲線
　例題2.9　需要関数を求める問題　*53*

■第3章　消費理論の応用

3.1 労働供給
　例題3.1　賃金率の上昇による所得効果は何か　*58*
3.2 消費と貯蓄の選択
　例題3.2　政府の食料費支援の効果に関する問題　*63*
　例題3.3　消費関数と貯蓄水準に関する問題　*64*
3.3 不確実性と顕示選好の理論
　例題3.4　期待効用に関する問題　*68*

■第4章　企業と費用

4.1 企業の目的
　例題4.1　企業が利潤極大化行動をとらない場合の問題　*72*
4.2 生産関数
　例題4.2　限界生産の逓減とは何を意味するか　*76*
4.3 等生産量曲線と等費用曲線
　例題4.3　生産における限界代替率逓減の法則とは何か　*80*
4.4 費用関数
　例題4.4　平均費用と限界費用との関係に関する問題　*85*
　例題4.5　総生産量と限界生産との関係に関する問題　*86*
4.5 短期と長期の費用曲線
　例題4.6　限界生産逓減の法則に関する問題　*90*

■第5章　生産の決定

5.1 利潤の最大化
　例題5.1　利潤最大化と限界費用との関係に関する問題　*96*
　例題5.2　最適な生産水準と限界費用・価格に関する問題　*97*
5.2 供給曲線
　例題5.3　農家の生産供給に関する問題　*101*
　例題5.4　費用関数と供給関数・限界費用に関する問題　*103*

5.3 市場の供給曲線
例題5.5 長期均衡の成立可能な状態に関する問題　*106*
例題5.6 長期均衡と平均費用に関する問題　*107*

■第6章　市場と均衡

6.1 完全競争
例題6.1 市場均衡点と価格・生産量との関係に関する問題　*112*
例題6.2 安定的な市場均衡に関する問題　*113*
6.2 市場取引の利益
例題6.3 消費者余剰に関する問題　*116*
6.3 政策介入のコスト
例題6.4 関税政策に関する問題　*119*
6.4 資源配分の効率性
例題6.5 パレート最適に関する問題　*123*
例題6.6 完全競争の一般均衡とはどんな状態か　*124*

■第7章　要素価格と所得分配

7.1 要素価格の決定
例題7.1 労働の限界生産価値と労働供給に関する問題　*129*
例題7.2 賃金上昇と雇用量維持を両立させる状況とは　*131*
7.2 レントと固定的な生産要素
例題7.3 レントと供給曲線との関係に関する問題　*135*
例題7.4 レントと資源配分に関する問題　*136*
7.3 初期保有量と所得再分配
例題7.5 所得再分配政策のもたらす非効率性の源泉は何か　*140*

■第8章　独　占

8.1 独占企業の特徴
例題8.1 平均収入関数・限界収入関数に関する問題　*145*
例題8.2 限界収入と価格弾力性との関係に関する問題　*146*
8.2 独占と市場
例題8.3 独占企業の利潤最大化に関する問題　*151*
例題8.4 独占企業の差別価格設定に関する問題　*152*
8.3 自然独占と規制
例題8.5 公益事業における価格決定に関する問題　*157*
8.4 参入をめぐる競争
例題8.6 内部補助に関する問題　*161*
例題8.7 参入阻止価格を求める問題　*162*

■第9章　ゲームの理論
9.1　ゲーム論の構造
例題9.1　支配戦略に関する問題　*167*
9.2　ナッシュ均衡
例題9.2　ナッシュ均衡と最適戦略に関する問題　*170*
例題9.3　純粋戦略・混合戦略に関する問題　*171*
9.3　動学的なゲーム
例題9.4　動学的なゲームにおけるナッシュ均衡を求めよ　*175*
例題9.5　先に動く方が損をするのはなぜか　*176*
9.4　繰り返しゲーム
例題9.6　囚人のディレンマのゲームに関する問題　*180*
例題9.7　オークションの入札ゲームに関する問題　*182*

■第10章　寡　占
10.1　寡占とは
例題10.1　不完全競争市場の本質的な特徴とは何か　*186*
10.2　寡占企業の価格決定
例題10.2　カルテル行為が囚人のディレンマであることを説明せよ　*190*
例題10.3　完全競争／不完全競争市場と利潤最大化に関する問題　*191*
10.3　クールノー均衡
例題10.4　クールノー均衡を求める問題　*194*
10.4　ベルトラン均衡
例題10.5　ベルトラン均衡での価格水準・生産量・利潤を求めよ　*197*
10.5　シュタッケルベルグ・モデル
例題10.6　クールノー型動学ゲームに関する問題　*201*
例題10.7　ベルトラン型動学ゲームに関する問題　*202*

■第11章　外部性
11.1　市場の失敗
例題11.1　環境汚染に対する規制に関する問題　*207*
例題11.2　外部不経済下の生産水準・ピグー税率を求める問題　*209*
例題11.3　外部経済と経済厚生との関係に関する問題　*210*
11.2　コースの定理
例題11.4　環境維持権・環境汚染権がある場合の問題　*213*
11.3　公共財
例題11.5　パレート最適の公共財水準を求める問題　*218*
例題11.6　サムエルソンのルールに関する問題　*219*

■ 第12章　不完全情報
12.1　情報の非対称性
　例題12.1　モラル・ハザードに関する問題　*222*
12.2　エイジェンシーの理論
　例題12.2　依頼人・代理人とリスクに関する問題　*225*
12.3　逆選択
　例題12.3　中古車市場の例で逆選択を説明せよ　*229*
　例題12.4　自己選択（スクリーニング）に関する問題　*230*

需要と供給

本章では，ミクロ経済学で取り扱う対象を説明するとともに，需要と供給というもっとも基本的な概念を導入して，ミクロ経済学の初歩的な解説を行う。とくに，市場で価格がどのように決まるのか，また，市場価格にどのような政策的意味があるのかを考える。本章は本書全体の案内役でもある。

KEY CONCEPTS

●1.1 ミクロ経済学とは何か

［1］ 経済学の考え方

経済学で想定する個人，グループや組織は，家計，企業など消費や貯蓄，生産や投資行動に従事している主体である。このような経済活動に携わって意思決定をする主体を，**経済主体**という。

経済主体の特徴は，**経済的に合理的な行動**をしている点にある。

合理的な行動は，それぞれの経済的な目的を達成するために，与えられた制約のなかでもっとも望ましい行為を選択する行動である。経済学では経済主体が合理的に行動すると考える。

──→経済学は，**制約付きの最大化問題**を用いて分析する学問である。

［2］ 経済分析の方法

例題1.1

▶ **部分均衡分析**：ある特定の関心をもつ対象に限定して分析を行う。

▶ **一般均衡分析**：モデルのなかですべての経済変数の動きを説明する。

▶ **事実解明的な分析**：経済の現状や動きがどのようになっているのかを解明する。

▶**規範的な分析**：どのような経済政策が望ましいかをある一定の価値判断のもとに分析する。

[３] 経済政策の目標

効率性と公平性がその代表的なものである。
▶**公平性**：経済主体間の格差があまり拡大しないように，何らかの再分配政策を行う。
▶**効率性**：ある限られた資源をもっとも適切に活用することで，すべての経済主体の経済的な満足度を高くする。

アロー（Arrow, Kenneth Joseph 1921 – 2017）

　1921年ニューヨークで生まれる。ハーバード大学，スタンフォード大学教授として，ミクロ経済学の一般均衡理論や価格理論などの分野で数理経済学の手法を用いて，優れた業績をあげた。また，厚生経済学や公共経済学の分野でも多くの成果をあげた。1972年のノーベル経済学賞を受賞した。彼の業績の１つである投票のパラドックスを示す「不可能定理」は，彼の主著『社会的選択と個人的価値』（1951年）において数学的に厳密な証明が与えられている。この定理は，集団の意思決定が完全に公平でも合理的でもないため，投票制度が完璧ではないことを示している。すなわち，この定理は，民主主義社会における社会的選択の困難さを理論的に示すとともに，人々の選好と社会的な意思決定とのギャップの大きさを示すものとして，経済政策の基本的議論に大きな影響を与えた。

例題1.1

ミクロ経済学の歴史を説明せよ。

　ミクロ経済学は経済学の基本的な原理を扱うものとして，古くから研究されてきた。18世紀に経済学の基礎を築いたアダム・スミス（Smith, Adam 1723-90）やリカード（Ricardo, David 1772-1823）などの古典派経済学者も市場機能のメリットに注目し，自由主義経済活動が資源配分や所得配分に与える効果を分析した。その後，19世紀になって数学的手法が経済分析に応用されるようになると，一般均衡の枠組みで価格の調整メカニズムを考察する研究が発展してきた。

　20世紀に入ってから，ミクロ経済学は一般均衡分析の発展とともに重要な位置を占めてきた。しかし，1930年代の大不況に際して，ミクロ経済学に基礎をおいた政策が有効に機能しなかったこともあり，その後はマクロ経済学の方が経済政策では活用されてきた。すなわち，1960年代に入ると，マクロ経済学が経済成長や完全雇用，物価の安定という重要な政策課題に実践的な処方箋を提供したのと対照的に，ミクロ経済学は個々の市場（とくに，独占市場など）における数理経済学的分析に関心が向けられるようになり，経済全体に対する政策論としては，あまり重要視されなくなった。理論的ミクロ経済学者の関心も，抽象的な一般均衡分析の安定性や解の存在証明など，数学的厳密さの方に向けられていた。

　その後，1980年代に入ってマクロ経済学のミクロ的基礎が疑問視されるようになり，また，ゲーム論が発展してくるとともに，ミクロ経済学は新しい段階を迎えた。今日では単なる抽象的モデル分析のみならず，具体的な経済現象を解明する有力な分析用具として，ミクロ経済学の枠組みは不可欠のものとなっている。たとえば，不完全情報や外部性などの概念を適用することで，市場の価格メカニズムがうまく機能しない状態でも，有益な分析結果を蓄積している。さらに，個々の具体的な経済現象のみならず，日本経済全体を分析する際にも，ミクロ経済学はもっとも基本的な分析用具として活用されている。

問 題

◆ 1.1 次の文章のなかで正しいものはどれか。
（ア）ミクロ経済学で登場する重要な経済主体は，集団として意思決定をする国家，政府である。
（イ）マクロ経済学と異なり，ミクロ経済学では家計や企業の最適化行動よりも，市場や一国全体の現象に関心がある。
（ウ）ミクロ経済学では，企業や家計は最適に行動すると仮定しているので，常に望ましい経済状態が実現し，政府の介入は無意味である。
（エ）すべての経済主体が合理的に行動するからといって，必ずしももっとも望ましい経済状態が実現するとはかぎらない。
（オ）一般均衡分析は具体的な市場を想定する分析だから，政策的な含意を導出するのに適した枠組みである。

◆ 1.2 次の文章の（ ）のなかに正しい用語を入れよ。
　ある特定の市場に限定して分析する手法は（ ）分析であり，モデルのなかですべての変数の動きを説明しようとする（ ）分析よりは，具体的な結果を得られやすい。また，現状を分析する（ ）分析に比べると，政策的な評価を行う（ ）分析の方が，一定の（ ）を求められる分だけ，明快な結論を得るのは困難である。

◆ 1.3 次の経済現象を分析するためには，ミクロ経済学とマクロ経済学のどちらを用いるべきか。
（ア）日本全体の経済成長が2年続けてマイナスを記録した。
（イ）冷夏でエアコンの販売が落ち込んだ。
（ウ）日銀がゼロ金利政策を解除した。
（エ）政府が発泡酒の税率を引き上げた。
（オ）外国資本のスーパーマーケットが日本に進出した。

（→解答は p.233）

●1.2 需要曲線

［1］価格と需要量

価格と購入したい量（需要量）との組合せが，「需要曲線」である。

図1-1に示すように，標準的なケースでは，価格が上昇するほど需要量は小さくなる。逆にいうと，価格が低下すれば需要量は大きくなる。横軸に需要量，縦軸に価格を表すと，需要曲線は右下がりの曲線として描ける。

例題1.2

［2］需要曲線のシフト

需要曲線自体が動くことを，「需要曲線のシフト」という。

その財の価格以外で，その財の需要に影響を与えると思われる経済変数が変化する場合には，その財の需要曲線全体がシフトする。

例題1.3
- 可処分所得の増加
- その財に対する嗜好の高まり
- 競合する財の価格の上昇

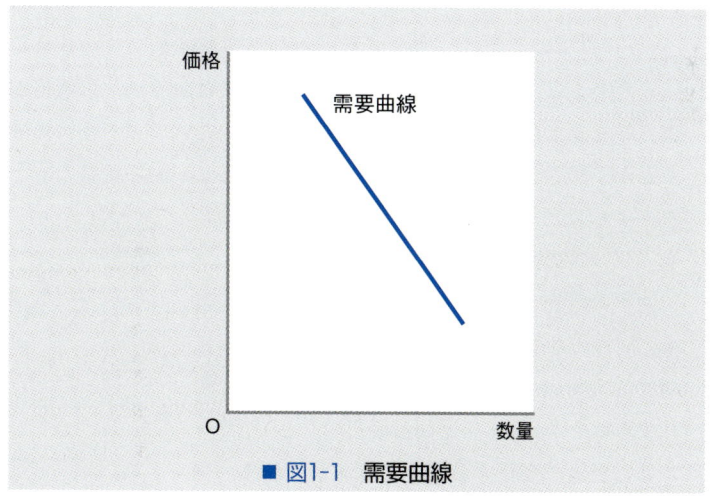

■ 図1-1　需要曲線

例題1.2

以下の状況はビールの需要曲線をシフトさせる要因であるという。それにあてはまらないものはどれか。
（ア）ビールの代替財（たとえば日本酒）の価格が上昇した。
（イ）所得が増加した。
（ウ）ビールの価格が低下した。
（エ）ビール企業が大規模な広告をした。
（オ）ビールに対する人々の選好（好み）が変化した。

答え：（ウ）

需要曲線は，その財の需要量とその財の価格との関係を示した曲線である。横軸にはその財の需要量が，また，縦軸にはその財の価格が示される。したがって，その財の価格が変化すると，需要曲線に沿って，その財の需要量が変化し，需要曲線自体はシフトしない。この例では，ビールの需要量が問題となっているので，ビールの価格が変化すると，ビールの需要曲線上でビールの需要量は変化するが，ビールの需要曲線がシフトすることはない。

（ウ）以外の要因は，すべてビールの需要曲線をシフトさせる要因になる。たとえば，ビールの代替的な財（たとえば日本酒）の価格が上昇すれば，いままで日本酒を需要（＝消費）していた人がビールにスイッチすることが予想される。その結果，今までと同じビールの価格のもとでも，今までよりもビールの需要量は増加する。このとき，ビールの需要曲線は右にシフトする。

所得の増加やビール企業による大規模な広告も，同様の効果をもつだろう。（オ）のビールに対する人々の選好の変化は，どういう理由で変化するにせよ，今までと同じ価格のもとで，ビールの需要量が変化することを意味しており，やはり，ビールの需要曲線をシフトさせる。

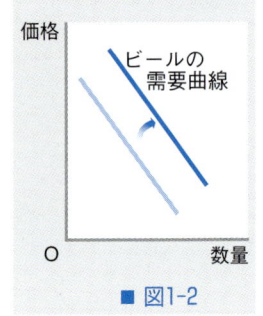
■ 図1-2

例題1.3

次のようなリンゴの需要曲線が推定されたとする。

$$p = 100 - 2X + 3q$$

ここで，pはリンゴの価格，Xはリンゴの需要量，qはミカンの価格である。このとき，以下の文章のうちで正しいものはどれか。
（ア）リンゴの価格が2倍になると，リンゴの需要量は半分になる。
（イ）リンゴの価格が2倍になると，リンゴの需要量も2倍になる。
（ウ）ミカンの価格が3倍になると，リンゴの需要量は3倍になる。
（エ）ミカンの価格が3倍になると，リンゴの需要量は3分の1になる。
（オ）いずれも正しくない。

答え：（オ）

　この需要曲線は，リンゴの需要がリンゴの価格とは負に相関し，ミカンの価格とは正に相関することを意味する。しかし，リンゴの価格が2倍になっても，リンゴの需要量は2分の1には減少しない。たとえば，$p=10$で$q=10$のとき，$X=60$であるが，ここで$p=20$になると，$X=55$になる。つまり，リンゴの価格が2倍になっても，リンゴの需要は1割程度しか減少しない。同じことは，ミカンの価格の変化がリンゴの需要に与える効果を議論する際にもあてはまる。

　なお，この需要曲線を図示すると，ミカンの価格はシフト・パラメーターになる。ミカンの価格が上昇すると，リンゴの需要曲線は右上方にシフトする。

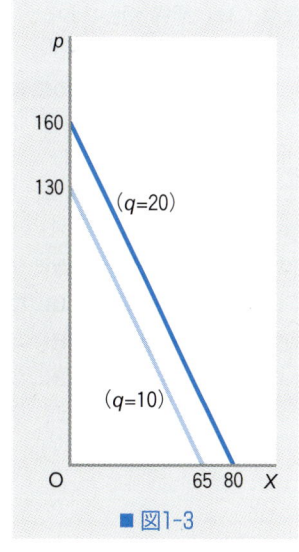

■図1-3

問 題

◆ 1.4 ある企業が労働を需要している。労働に対する需要曲線を右にシフトさせる要因はどれか。
 （ア）労働投入によって生産される財（企業が販売する財）に対する需要が減少した。
 （イ）代替的な生産要素（たとえば資本）の価格が低下した。
 （ウ）労働の生産性が上昇した。
 （エ）賃金率が低下した。
 （オ）上のどれでもない。

◆ 1.5 以下の文章の（ ）に適当な用語を入れよ。
 標準的なケースでは，価格が上昇するほど，需要量は（ ）する。したがって，価格と（ ）の関係を図で表す（ ）曲線は右（ ）りとなる。

◆ 1.6 以下のようなビールの需要曲線において，需要曲線を右にシフトさせる要因は何か。
$$p = 200 - 8X - 0.2q + 0.5r + 10M$$
 ここで，p はビールの価格，X はビールの需要，q は日本酒の価格，r はワインの価格，M は所得水準である。

◆ 1.7 ある財（リンゴ）の需要曲線が
$$p = \frac{100}{X}$$
である。p はリンゴの価格，X は需要量である。以下の文章のなかで正しいものはどれか。
 （ア）リンゴの価格が2倍になれば，リンゴの需要は半分になる。
 （イ）リンゴの価格が2倍になれば，リンゴの需要も2倍になる。
 （ウ）ミカンの価格が2倍になれば，リンゴの需要は半分になる。
 （エ）ミカンの価格が2倍になれば，リンゴの需要も2倍になる。
 （オ）所得が2倍になれば，リンゴの需要も2倍になる。

（→解答は p.233）

●1.3　供給曲線

［1］価格と需要量

　企業のある財（ビール）の販売価格と供給したい数量との関係を考えよう。この関係を，縦軸に価格，横軸に数量をとる図で表したものが，「供給曲線」である。

　企業は市場で成立する価格のもとで，この供給曲線上の生産量を市場に供給する。価格が上昇すれば，市場で供給される財・サービスも多くなる。また，他の企業が他の産業から新しく参入してくる。

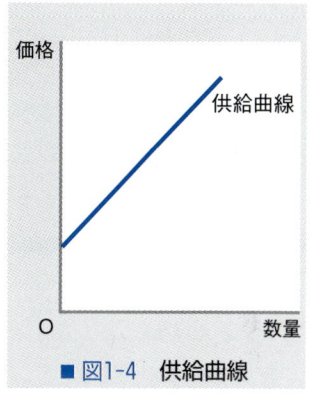

■図1-4　供給曲線

［2］供給曲線がシフトする要因

- 生産要素の価格の変化

　生産要素の価格（賃金や資本のレンタル価格）が変化すれば，生産コストも変化する。たとえば，賃金が上昇すれば，生産コストも上昇するから，いままでよりも限界コストが上昇する。同じ価格のもとで，供給量は減少するから，供給曲線は上方へシフトする。

- 天候不順
- 予想外の技術的なトラブル

例題1.4
例題1.5

［3］内生変数と外生変数

　内生変数はモデルのなかで説明される変数である。
　⟶需要曲線や供給曲線における，その財の価格とその財の数量がその例である。

　外生変数はモデルのなかでは説明されない変数である。
　⟶需要・供給曲線自体をシフトさせる効果をもっている。

例題1.4

もし供給側の負担する輸送費用が上昇すれば，以下のうちで正しいものはどれか。
（ア）供給曲線が左にシフトする。
（イ）供給曲線が右にシフトする。
（ウ）需要曲線が左にシフトする。
（エ）需要曲線が右にシフトする。
（オ）供給，需要曲線ともにシフトしない。

答え：（ア）

供給側が輸送費用を負担しているのであるから，輸送費用の上昇は生産費の上昇を意味する。今までと同じ市場価格では企業の採算がとれなくなるから，生産量は減少する。これは任意のすべての市場価格の水準についてあてはまるから，供給曲線自体が左に（あるいは上方に）シフトする。

輸送費の分も含めた市場価格がその財の市場価格である。したがって，輸送費が上昇すれば，その上昇分のある割合は買い手にも負担してもらうように，市場価格は上昇する。これは，供給曲線が左に（あるいは上方に）シフトすることで実現する。

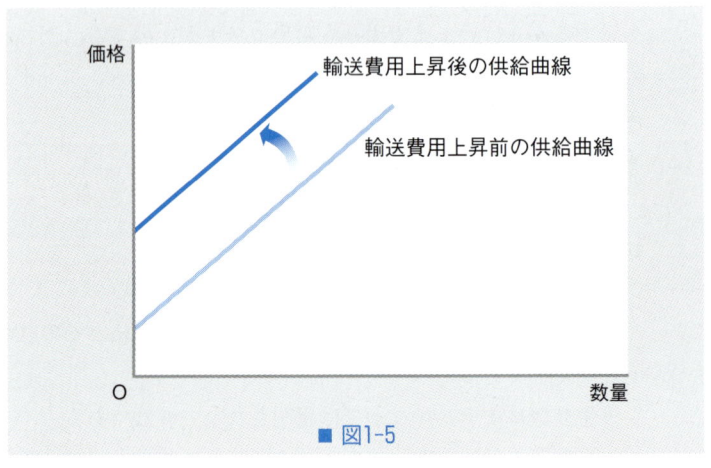

■ 図1-5

例題1.5

以下のようなビールの供給曲線を想定する。
$$p = 10 + 5X + t + 0.4w$$
ここで，p はビールの価格，X はビールの数量，t はビール1本あたりの税金，w は賃金率である。

このとき，以下の文章のうちで正しいものはどれか。
（ア）ビールへの税金が増税されれば，供給曲線は右下方にシフトする。
（イ）ビールへの税金が増税されれば，供給曲線はシフトしないが，供給量は減少する。
（ウ）賃金が上昇すると，供給曲線は左上方にシフトする。
（エ）賃金が上昇しても，供給曲線はシフトしない。
（オ）ビールの価格が上昇すると，供給曲線は左上方にシフトする。

答え：（ウ）

　この供給曲線のシフト・パラメーターはビールへの税金と賃金率である。どちらの変数もその値が大きくなれば，供給曲線は左上方にシフトする。つまり，今までと同じビールの市場価格であれば，供給量を減少するのが企業にとって最適な反応となる。

　なぜなら，同じビールの生産量を確保しようとすると，ビールへの課税強化も賃金率の上昇も費用の増加要因であるから，今までと同じ価格でしか販売できないのであれば，採算上あわなくなる。その分だけ，生産量を削減することで，企業はコスト増加要因を克服する。

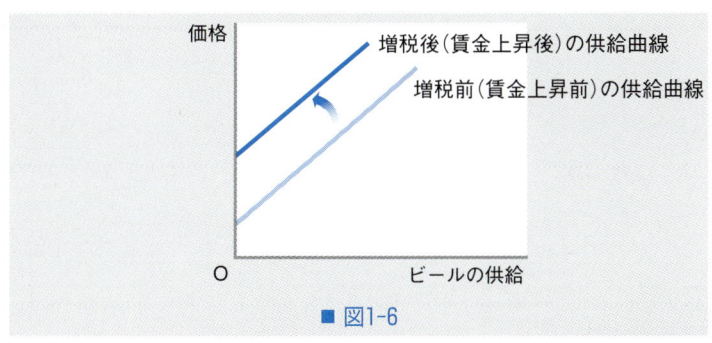

■ 図1-6

■ 問 題 ■

◆1.8 以下の（ ）に適当な用語を入れよ。
　供給曲線は，市場（ ）と企業の（ ）との関係を示す曲線であり，通常は右（ ）りの形状をしている。供給曲線の傾きが急であるほど，市場（ ）の上昇に対して，企業の（ ）が（ ）く反応する。

◆1.9 ある財（たとえばビール）の供給曲線に関する以下の文章のなかで正しいものはどれか。
（ア）供給曲線は，需要曲線同様に，右下がりになる。
（イ）価格が上昇すれば，供給曲線は右にシフトする。
（ウ）供給曲線は，ある市場価格のもとで企業に供給してもらいたいと，消費者が望む供給量を表している。
（エ）予想外の生産上のトラブルが生じれば，供給曲線は左にシフトする。
（オ）供給曲線は，生産要素の価格とは無関係である。

◆1.10 市場価格と供給量が以下のデータで与えられている。

価格	8	11	14	17	20
供給量	1	2	3	4	5

企業の供給曲線を求めよ。

◆1.11 例題1.5の供給曲線を想定する。
$$p = 10 + 5X + t + 0.4w$$
ここで，p はビールの価格，X はビールの数量，t はビール1本あたりの税金，w は賃金率である。この供給曲線において，内生変数と外生変数はそれぞれ何か。

（→解答は p.233, 234）

1.4 弾力性

[1] 需要の弾力性

価格 (p) が1％上昇したときに需要量 (x) が何％減少するかを示す。

$$需要の価格弾力性 = \frac{需要の減少率（\%）}{価格の上昇率（\%）}$$

弾力性 (ε) は，数式では次のように定義される。

$$\varepsilon = -\left(\frac{\Delta x}{x}\right) \bigg/ \left(\frac{\Delta p}{p}\right) = -\left(\frac{\Delta x}{\Delta p}\right)\left(\frac{p}{x}\right)$$

ここで，Δ は変化分を意味する。

▶ **弾力性1の経済的意味**

弾力性が1であれば，価格が変化しても購入金額＝価格×需要量は一定になる。直角双曲線として需要曲線が描かれる場合には，弾力性は常に1になる。

例題1.7

弾力性が1よりも大きい曲線は，価格が変化したときに需要量がそれ以上に変化するので，**弾力的な需要曲線**と呼ばれる。

例題1.8

弾力性が1よりも小さい曲線は，価格が変化したときに需要量がそれほど変化しないので，**非弾力的な需要曲線**と呼ばれる。

[2] 弾力的な財，非弾力的な財の例

- **弾力的な財**：贅沢品

例題1.6

- **非弾力的な財**：生活必需品で，かつ，あまり代替の効かないもの。

[3] 供給の弾力性

価格 (p) が1％上昇したときに供給量 (x) が何％増加するかで，**供給の弾力性**を定義する。

$$供給の弾力性 = \frac{供給の増加率（\%）}{価格の上昇率（\%）}$$

供給の弾力性 η は数式では以下のように定義される。

$$\eta = \left(\frac{\Delta x}{x}\right) \bigg/ \left(\frac{\Delta p}{p}\right) = \left(\frac{\Delta x}{\Delta p}\right)\left(\frac{p}{x}\right)$$

[4] 短期と長期の弾力性

　一般的に，短期的な需要あるいは供給の変化は，価格の変化に比べて小さくなる。短期的には非弾力的な需要あるいは供給も，長期的にはより弾力的になる。

シカゴ学派

　アメリカのシカゴ大学の経済学者のグループを指す。フリードマン（Friedman, Milton 1912-2006）やスティグラー（Stigler, George Joseph 1911-91），ベッカー（Becker, Gary Stanley 1930-）などノーベル経済学賞を受賞した経済学者の集団である。彼らは，自由市場と完全競争が経済のもっとも効率的な資源配分と運営をもたらすと主張する。市場のメリットを強調し，現実の経済でそれがうまく生かされていないとすれば，それは市場に問題があるのではなくて，政府によるさまざまな規制の結果であると考える。さらに，人々は経済合理的に行動するという立場で，従来は経済学の分析対象とみなされていなかった，家族内での人間関係や結婚，離婚，出産，育児という行動まで，ミクロ経済学が有効な分析用具として適用可能であることを示した。また，犯罪や革命といった社会問題にもミクロ経済学を適用して，現実の経済政策や社会政策にも大きな影響を与えた。

例題1.6

財の需要がより非弾力的であるとき，正しいものはどれか。
（ア）代替財の数が少なくなっている。
（イ）価格変化のあとで多くの時間が経過している。
（ウ）その財が必需品として需要されている。
（エ）（ア）と（イ）
（オ）（ア）と（ウ）

答え：（オ）

　非弾力的な財では，価格が上昇しても需要量はあまり減少しない。その理由として，（ア）の代替財の数という要因がある。たとえば，果物のなかでミカンが特別の存在であり，リンゴやバナナなど他の果物では代替できないと消費者が考えていたとしよう。この場合，ミカンの価格が上昇しても，他の果物に代替する（スイッチする）ことは生じないから，それほどミカンの需要は減少しない。

　同様に，その財が必需品として需要されている場合（ウ）も，他の財で代替することが困難であるから，価格が上昇しても需要量はあまり減少しない。ミカンが生活のなかで必需品として消費されている場合には，リンゴなど他の果物に代替しにくく，非弾力的な需要になる。

　（イ）は，むしろ需要の弾力性を大きくさせる。ミカンの価格が上昇したあとである程度時間が経過すれば，品種改良などの供給側の努力でミカンに似た果物が市場に出回る可能性が高い。ミカンとかなり代替的なものを供給できれば，ミカンの需要を奪い取ることができるからである。その結果，時間が経過するほど，当該財に似たものが供給される可能性は高くなり，当該財（上の例ではミカン）の需要はより弾力的になる。

例題1.7

線型で右下がりの需要曲線では，
(ア) すべての領域で弾力性は一定になる。
(イ) すべての領域で弾力性は1になる。
(ウ) すべての領域で価格の変化率に対する需要量の変化率が一定になる。
(エ) すべての領域で弾力性は異なる。
(オ) 完全競争の企業に対する需要曲線である。

答え：(エ)

　図に示すように，線型の需要曲線の弾力性は，どの点で需要量を当初想定するかに依存する。すなわち，弾力性は，BD/OB で示される。

　当初の需要量と価格の組合せを示す点 A が，価格の軸に近く，需要量が少なくて，価格水準が高いほど，OB が小さく，BD が大きくなるから，弾力性は大きくなる。

　逆に，価格が低く，需要量が大きいほど，弾力性は小さくなる。

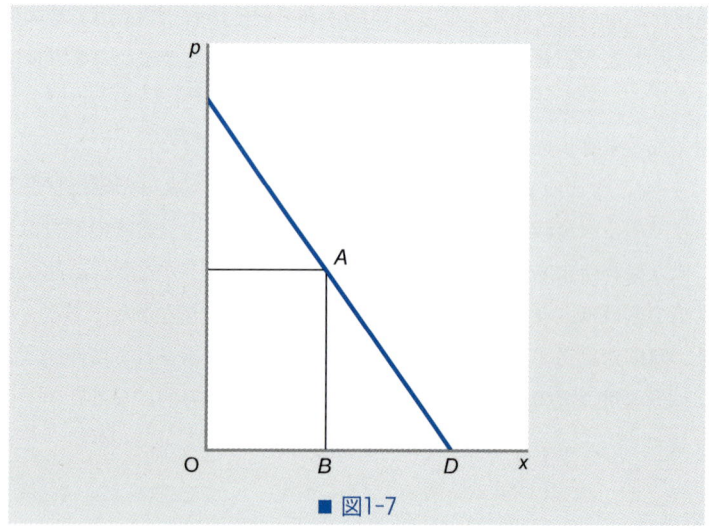

■ 図1-7

例題1.8

非喫煙者にとって，たばこ需要の価格弾力性はどうなるか。
（ア）1になる。
（イ）相対的に非弾力的である。
（ウ）相対的に弾力的である。
（エ）完全に弾力的である。
（オ）完全に非弾力的である。

答え：（オ）（あるいは（イ））

　非喫煙者にとっては，価格水準がどうであっても，たばこの需要はゼロである。したがって，価格が1％変化したときに，需要量は0％変化する（つまり，何ら変化しない）から，需要の価格弾力性は，定義上0になる。つまり，完全に非弾力的である。

　ただし，非喫煙者が喫煙するかどうかを，たばこの価格とのかねあいで決めている場合には，少し状況は異なる。もしある家計がたばこの喫煙により多少はメリットがあると考えているとしよう。それでも彼（あるいは彼女）がたばこを吸わないのは，そのメリット以上にたばこの価格が高すぎると判断しているからである。

　したがって，図のように価格がOA以下に十分に低下すれば，この家計はたばこを吸うようになる。この場合，たばこ需要は価格に最終的に依存するから，十分に価格が小さいときには，需要は完全には価格に対して非弾力にならない。その意味で，相対的に非弾力的といえる。

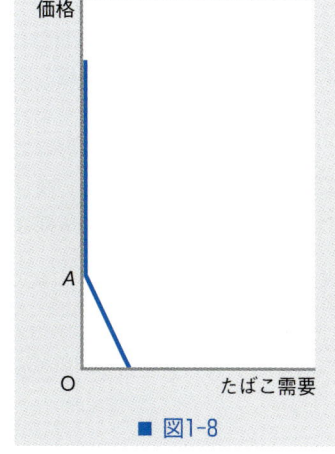

■ 図1-8

問題

◆ 1.12 需要の価格弾力性が1（絶対値）であるとき，価格上昇によって需要量あるいは，購入額はどう変化するか。
（ア）需要量は増加する。
（イ）需要量は減少する。
（ウ）購入額は増加する。
（エ）購入額は減少する。
（オ）需要曲線がシフトする。

◆ 1.13 ある企業は8の価格で100の量を販売している。また，6の価格では120の量を販売している。この財を販売する企業の直面する需要の弾力性はいくらか。

◆ 1.14 ある財の価格が20％上昇したとき，需要量が40％減少したとする。この財の需要は，
（ア）相対的に弾力的である。
（イ）相対的に非弾力的である。
（ウ）弾力性は1である。
（エ）完全に弾力的である。
（オ）完全に非弾力的である。

◆ 1.15 ある財Wの需要が価格に対して弾力的であれば，正しいのはどれか。
（ア）W以外の他の財の価格と比較すると，Wの価格は低い。
（イ）W財の代替財はあまりない。
（ウ）W財は生存に不可欠の財である。
（エ）W財の価格の変化は，同じ割合だけ需要量の変化をもたらす。
（オ）W財の購入は将来に延期され得る。

◆ 1.16 ある財の需要曲線が
$$X = -3p + 5$$
で与えられる。$X = 4$のときの需要の価格弾力性を求めよ。

(→解答はp.234)

●1.5 市場価格の決定

［１］市場での需要と供給

　ある財・サービスの市場とは，その財に対する需要と供給が調整され，その財を供給する経済主体からその財を需要する経済主体へ，市場価格でその財が取引される場である。

　そうした無数の場所で登場する需要を合計した，その財の家計全体の需要からなる市場での需要曲線と，無数の経済主体の供給量を合計した，その財の企業全体の供給からなる市場での供給曲線とが一致する点が，市場均衡点である。

例題1.10　──→需要曲線と供給曲線の交点で市場価格が決定される。

［２］需要曲線のシフト

　需要曲線がシフトするようなショックが起きれば，需要側の要因で価格変動が生じる。たとえば，需要曲線が右上方にシフトすれば，市場価格は供給曲線上を上昇し，生産量＝需要量も拡大する。

例題1.9

［３］供給曲線のシフト

　天候が不順で農作物の生産が落ち込むケースを想定しよう。その結果，供給曲線が左上方にシフトすれば，市場価格は需要曲線上で上昇し，生産量＝需要量は縮小する。

［４］社会的な希少性

　ある財の需要曲線が右上方にシフトするのは，社会的にその財・サービスに対する評価が大きくなることを意味する。

　また，供給曲線のシフトも同様な社会的な希少性を反映している。

［５］市場メカニズム

　価格による調整が行われることで，社会的に希少性の高い財に多

くの資源が投入され，社会的に希少性の低い財にあまり資源が投入されないという，資源配分からみて望ましい状態が市場での価格変動の結果として実現する。
　　──▶市場機能の持つ資源配分メカニズム

サムエルソン（Samuelson, Paul Anthony 1915 – 2009）

1915年アメリカのシカゴに生まれる。1966年よりMIT（マサチューセッツ工科大学）教授。「静学的・動学的経済理論を発展させ，経済学の分野の分析水準を高めた科学的業績」により，1970年のノーベル経済学賞を受賞した。顕示選好の理論や公共財供給に関する理論，国際貿易における多くの命題，乗数分析と加速度の相互作用に関する動学理論など，数多くの学術論文を発表した。主要著書のなかでは，彼の博士論文でもある『経済分析の基礎』（1947年）が有名である。また，一般向けのテキストである『経済学』（1948年初版）は，多くの版を重ねて，世界中の国で翻訳されて，経済学入門のバイブルとなった。彼は，博士論文でノーベル賞という名誉を手に入れ，経済学の入門書で莫大な印税も手に入れた。

例題1.9

ヨーロッパで「狂牛病」が流行した結果，わが国で牛肉の需要が減少したとする。消費者は牛肉の代替財である豚肉の需要を増加させる。この現象は牛肉の市場における需要，供給の観点からはどのように表現できるか。
（ア）需要曲線の左下方へのシフト
（イ）供給曲線の左上方へのシフト
（ウ）需要曲線の右上方へのシフト
（エ）供給曲線の右下方へのシフト
（オ）需要曲線の左下方へのシフトと供給曲線の左上方へのシフト

答え：（ア）

　ヨーロッパで「狂牛病」が流行した結果，わが国での牛肉の需要が減少したのであるから，わが国の牛肉市場では，需要曲線が左下方にシフトする。つまり，今までと同じ価格であっても，牛肉の需要量が減少する。これは，牛肉の価格以外の要因で需要量が変化したケースであるから，需要曲線のシフトで表される。

　供給曲線は何ら影響を受けない。ヨーロッパで「狂牛病」が流行しても，わが国での牛肉の生産には直接の影響はない。したがって，市場での牛肉の価格は低下し，均衡での需要量＝生産量も減少する。

　豚肉の需要が増加したことは，豚肉の市場では需要曲線を右上方にシフトさせる要因である。しかし，この例題は牛肉の市場に関するものであるから，豚肉の需要曲線のシフトは関係ない。

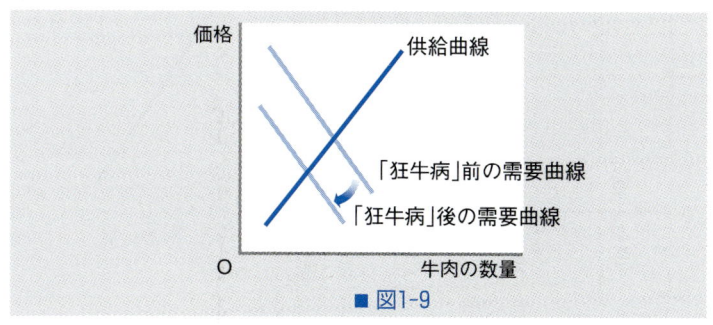

■ 図1-9

例題1.10

ある財についての需要曲線と供給曲線が以下のように定式化される。

$$D = 20 - p$$
$$S = 0.5p$$

ここで，D は需要量，S は供給量，p は価格である。
このとき，以下の文章のうちで正しいものはどれか。
（ア）需要の価格弾力性は，価格が低いほど大きくなる。
（イ）需要の価格弾力性は，常に1である。
（ウ）供給の価格弾力性は，価格が高いほど大きくなる。
（エ）供給の価格弾力性は，常に1である。
（オ）市場均衡点において，需要の価格弾力性と供給の価格弾力性は等しくなる。

答え：（エ）

供給の価格弾力性は，供給曲線が原点を通るかぎり，常に1になる。

これに対して需要の価格弾力性は価格水準に依存する。価格が高いほど，需要の価格弾力性は大きくなる。なぜなら，需要の価格弾力性は，

$$-\left(\frac{\Delta D}{\Delta p}\right) \bigg/ \left(\frac{p}{D}\right)$$

とも表現できるから，線形の需要曲線の場合，第1項は一定になるが，第2項が価格が高いほど大きくなる。

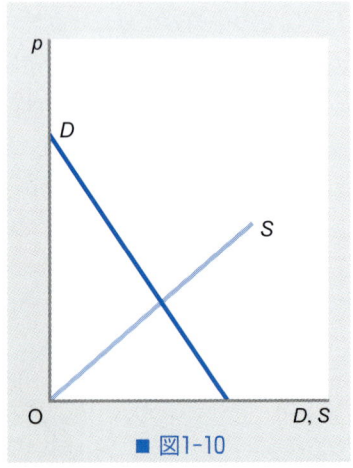

■ 図1-10

■ 問 題 ■

◆ 1.17　ある財，たとえば，ビールの需要，供給曲線がそれぞれ
$$D = 100 - 5p$$
$$S = 37 + 4p$$
で与えられている。ここで p は価格である。均衡でのビール生産量はいくらか。

◆ 1.18　もし需要と供給が同時に減少すれば，何が生じるか。
（ア）価格は必ず上昇する。
（イ）生産量は必ず増加する。
（ウ）価格は必ず低下する。
（エ）生産量は必ず減少する。
（オ）価格，生産量の変化ともに不確定である。

◆ 1.19　一般的に需要者（＝家計）にとって利用価値の高い財ほど，価格は高くなる。しかし，人間の生存にとって必要不可欠であるはずの水（ミネラル水）よりも，ビールの方が価格は高い。その理由としてもっともらしいのはどれか。
（ア）水はビールよりも供給量が膨大に多いので，利用価値が高くても，供給曲線が低くなるため，価格も低くなる。
（イ）水は生活必需品であり，政府がその価格を低く抑えているから，ビールよりも安くなる。
（ウ）水は生活必需品であるため，その価格弾力性が低いので，価格も低くなる。
（エ）ビールは嗜好品であり，その価格弾力性が高いので，価格も高くなる。
（オ）水は政府が供給しているから，原価で販売されるが，ビールは民間企業が供給しているので，企業の利潤が上乗せされている分だけ，高くなる。

（→解答は p.235）

1.6 市場への介入

[1] 人為的な価格政策

　市場での自由な価格形成とそれに対応する資源配分で社会的に望ましい状況が達成できる。それに対して人為的・政策的に介入すると，結果として好ましくない資源配分をもたらす。

例題1.11

[2] 行列の意味

　行列するのは長時間待つことだから，他で得られたであろう時間の楽しみを犠牲にしている。行列には直接の金銭的な費用はない。時間の機会費用という意味で多くの実質的なコストがかかる。

[3] 参入規制・料金規制

　参入規制は供給を抑制して，需要者の利益を損ねる一方で，供給者の利益を拡大する。また，料金規制でも，結果として生産者を擁護して，消費者の利益を損ねる。

例題1.11

需要の価格弾力性が1とする。供給の価格弾力性が通常の値（0と無限大の間）とすると，間接税はどのような効果をもたらすか。
（ア）供給者がすべて負担する。
（イ）需要者がすべて負担する。
（ウ）需要者と供給者の負担比率は50：50である。
（エ）需要者と供給者である割合で負担しあう。
（オ）税負担に耐えきれず，市場は閉鎖される。

答え：（エ）

図に示すように，供給曲線が間接税の分だけ上方にシフトする。したがって，市場価格は p^* から p_d に上昇し，生産量＝需要量は減少する。しかし，市場価格の上昇幅は，間接税の金額（1単位あたり）＝ p_d と p_s の差額分＝よりは小さい。その理由は，需要曲線が右下がりであり，価格が上昇すると，需要量が減少するからである。

その結果，需要者と供給者がともに税金を負担する。その負担比率は（ウ）のように50：50であるとはかぎらない。需要曲線の弾力性は1であるが，供給曲線の弾力性がいくらかは，わからないからである。もし供給曲線の弾力性も1であれば，（ウ）が正解になる。

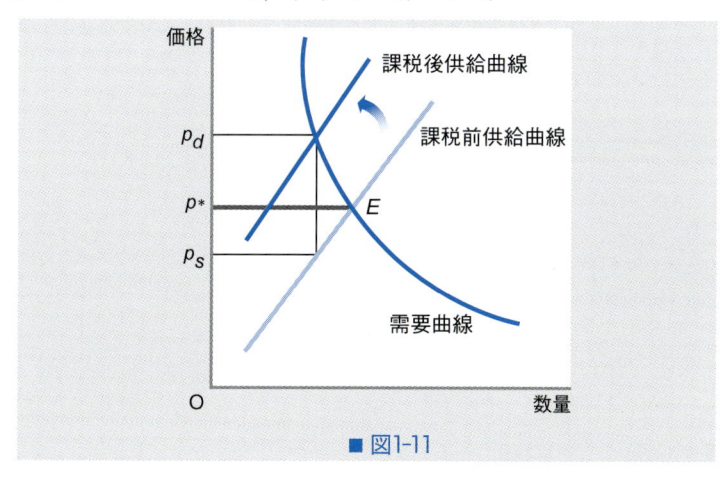

■ 図1-11

問 題

◆ 1.20　市場への参入障壁にならないものはどれか。
（ア）輸入制限
（イ）特許の保護
（ウ）政府の許可
（エ）独占禁止の規制
（オ）環境規制

◆ 1.21　もし日本の人々が魚や鶏肉を大量に食べているとして、外国からの豚肉の輸入が制限されたとすると、国内の魚，肉の価格はどうなるか。
（ア）鶏肉，豚肉，魚の価格は低下する。
（イ）鶏肉，豚肉，魚，牛肉の価格は上昇する。
（ウ）価格にほとんど変化はない。
（エ）豚肉の価格は低下するが，鶏肉と魚の価格は上昇する。
（オ）鴨肉の価格が低下する。

◆ 1.22　需要曲線が完全に非弾力的な場合，間接税はどのような効果をもたらすか。
（ア）供給者がすべて負担する。
（イ）需要者がすべて負担する。
（ウ）需要者と供給者の負担比率は50：50である。
（エ）需要者も供給者も負担せず，政府は実質的に税金をかけることができない。
（オ）需要者と供給者の負担比率は，供給曲線の弾力性にも依存するので確定しない。

（→解答は p.235）

2 消費の理論

本章では，家計の消費行動を取り上げる。家計の最適化行動は，需要曲線のミクロ的な基礎を与えるものとして，ミクロ経済学ではもっとも基本的な分析対象である。とくに，予算制約式，無差別曲線，主体的均衡点，所得効果と代替効果という重要なキーワードを理解することがポイントとなる。

KEY CONCEPTS

●2.1 家計の行動

[1] 家 計

家計は，いろいろな財やサービスを消費して，経済的な満足度（＝効用）を高める消費活動を行う。また，家計は消費の需要主体であるとともに，生産要素の供給主体でもある。

[2] 家計の行動基準

▶**第1のルール**：同じ財やサービスであれば，価格の低い企業や店から購入する。

▶**第2のルール**：複数の似たような財がある場合に，1つの財に集中して消費を絞り込むよりは，バランスよく消費をする。

家計の消費行動の評価基準を目的関数として数式の形で定式化したのが，効用関数である。

[3] 効用関数

消費者のさまざまな財・サービスの消費水準とそこから得られる満足度＝効用水準との関係を，数学の関数として表したもの。

消費から得られる満足度＝効用水準 u は次のように表される。

$$u = u(x_1, x_2)$$

ここで，x_1 は財 1（たとえばリンゴ）の消費量，x_2 は財 2（たとえばミカン）の消費量である。

効用関数は，通常次のような性質を持っている。
- ある財の消費量のみが増加すれば，効用水準も増加する。
- その増加の程度（＝限界効用）はしだいに小さくなる。

限界効用とは，その財の消費量の増加分とその財の消費から得られる効用の増加分との比率である。

$$限界効用 = \frac{効用の増加分}{消費の増加分}$$

(1) 限界効用はプラスである。

例題2.1 (2) 限界効用は逓減する。

通常は限界効用は逓減してもマイナスにはならない。

もしマイナスになれば，消費を拡大するほど，満足度が減少する。そのような財の場合には，限界効用がゼロの点，つまり効用水準が最大になる「飽和水準」がある。

[4] 序数的効用と基数的効用
▶ **序数的効用**：満足度の順序づけのみが重要であり，その絶対的な水準自体にはそれほど意味はない。
▶ **基数的効用**：満足度としての効用の絶対的な水準自体にもそれなりの意味がある。

例題2.1

消費者の効用関数が

$$120X - 12X^2$$

で表されている。このとき，以下の問いに答えよ。
（ア）限界効用の式を求めよ。
（イ）Xを3単位消費するときの限界効用は，いくつか。
（ウ）総効用が最大になるXの水準を求めよ。
（エ）限界効用が最大になるXの水準を求めよ。

（ア）限界効用（MU）の式は，効用関数をXに関して微分して得られる。すなわち，

$$MU = 120 - 24X$$

が求める式である。

（イ）（ア）で求めた式に$X = 3$を代入して，

$$MU = 120 - 72 = 48$$

となる。

（ウ）総効用が最大になるのは，限界効用がゼロになるXであるから，

$$MU = 120 - 24X = 0$$

より

$$X = 5$$

となる。

（エ）限界効用はXの減少関数であるから，xが非負の範囲で限界効用が最大になるのは，$X = 0$のときである。

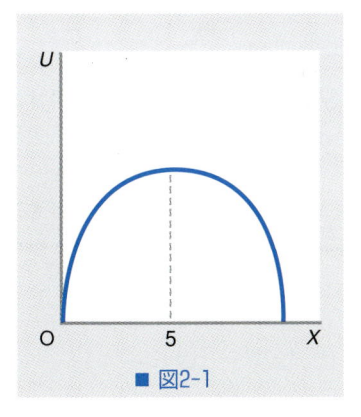

■ 図2-1

問 題

◆2.1 もし財の限界効用がゼロになれば、以下のうちで正しいものはどれか。
（ア）財の総効用は最大値をとる。
（イ）その財は効用をもたらさない無価値なものである。
（ウ）その財を消費することで、むしろ総効用は減少する。
（エ）消費者は主体的均衡点にある。
（オ）この財の総効用はゼロになる。

◆2.2 以下の文章の（ ）のなかに適当な用語を入れよ。
限界効用は、その財の消費の（ ）とその消費から得られる（ ）の（ ）との比率である。限界効用はプラスであるが、（ ）する。

◆2.3 以下のそれぞれの効用関数を用いて、X 財の限界効用を求めよ。なお、$a, b, Y > 0$ である。
（ア）$U = aX + b$
（イ）$U = -aX^2 + bX$
（ウ）$U = \log X$
（エ）$U = XY$
（オ）$U = X^a Y^b$

◆2.4 以下の文章のなかで正しいものはどれか。
（ア）限界効用がプラスであれば、効用は増加する。
（イ）限界効用が逓減すれば、効用も逓減する。
（ウ）限界効用がマイナスになっても、効用は増加する場合もある。
（エ）限界効用がゼロになっても、効用は増加する場合もある。
（オ）効用が増加していれば、必ず限界効用も増加している。

（→解答は p.235, 236）

2.2 予算制約式

[1] 所得と消費

家計の最大化問題の制約となるのが，**予算制約式**である。家計のもっている所得の総額を一定であると考えると，購入金額という観点から消費行動に制約がかかる。

予算制約式は次のように定式化される。

$$M \geq p_1 x_1 + p_2 x_2$$

ここで，M は総所得金額，p_1 は財1の価格，p_2 は財2の価格である。

▶ **図による説明**

予算制約式を図で表してみよう。

AB が予算線であり，OA はすべての所得を財1の購入に投入したときの購入可能量（$=M/p_1$）を表し，OB はすべての所得を財2の購入に投入したときの購入可能量（$=M/p_2$）を表す。AB 線の傾きは，2つの財の相対価格 p_1/p_2 を表している。

例題2.2

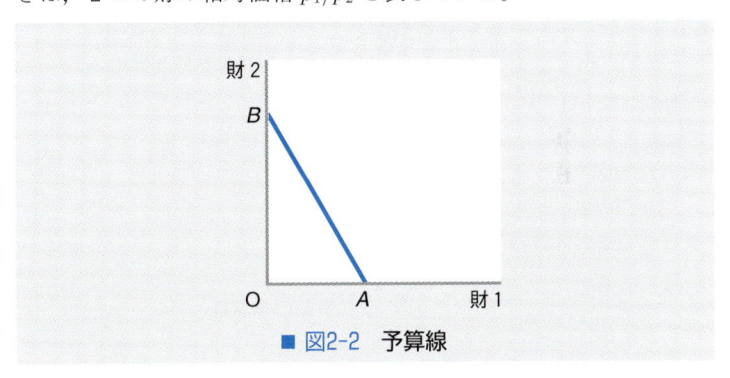

■ 図2-2 予算線

[2] 予算線のシフト

所得水準 M の増大により，予算線 AB は右上方にシフトする。このとき，相対価格は変化しないから予算線の傾きは変化せず，平行に右上方へシフトする。

財1の価格 p_1 の上昇により，予算線は左下方へシフトする。

例題2.2

もし消費者の所得が減少し、価格が上昇すれば、正しいものはどれか。
(ア) 予算線は左下方にシフトする。
(イ) 予算線は右上方にシフトする。
(ウ) 予算線はシフトしない。
(エ) 今までと同じ予算線上で、より高い無差別曲線に到達可能である。
(オ) 上のどれでもない。

答え：(ア)

　図に示すように、予算線は左下方にシフトする。価格の上昇も、所得の減少もともに、今までよりも家計の予算制約がきつくなることを意味する。

　所得が減少すれば、予算線は原点に対して平行に下方シフトする。価格が上昇すれば、予算線の傾きは変化する。たとえば、2つの財1、2のうちで、財1の価格 p_1 のみが上昇したとしよう。この場合、第1財が第2財に対して相対的に割高になるから、第1財を横軸に、第2財を縦軸に選んで、予算線を描くと、予算線はその傾きがより急になる。

　また、財1、2財ともに同じ割合でその価格が上昇する場合には、相対価格は変化しないから、予算線は原点に平行に下方にシフトする。つまり、このケースは、所得の減少と同じ効果を持っている。

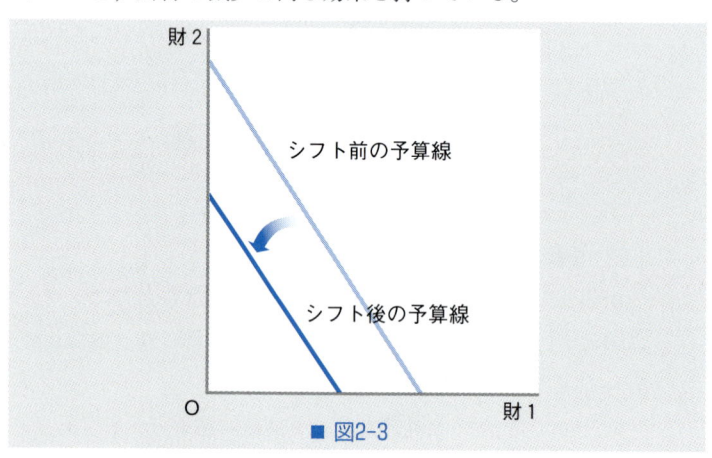

■ 図2-3

■ 問 題 ■

◆ 2.5 以下の文章のうちで，正しいものはどれか。
  (ア) 予算制約は消費における大きな制約であるが，場合によっては，これを無視して消費する方が望ましいこともある。
  (イ) 予算線の右上方の領域の方が左下方の領域よりも，消費量，消費金額は大きくなる。
  (ウ) 予算線は，同じ所得と価格に直面する個人でも，異なることがある。
  (エ) 同じ予算線上でも，複数の財の消費量の組合せが異なるとき，消費金額は一般的には異なる。
  (オ) 予算線は，右上がりの形状をもつこともある。

◆ 2.6 以下の文章の（ ）に正しい用語を入れよ。
  予算制約式は，所得と（ ）が与えられたときに，最大限（ ）可能な財の組合せを意味する。所得が（ ）すれば，予算制約は緩和される。

◆ 2.7 2つの財X，Yを消費する家計の予算制約を考える。消費可能な2財の組合せが
  X財　　10　　50
  Y財　　45　　25
  で示されるとき，予算制約式はどうなるか。ただし，所得水準は100である。

(→解答は p.236)

2.3　無差別曲線

［1］無差別曲線の概念

無差別曲線は，効用水準 u をある任意の水準で一定に維持するような財1，2の消費量 x_1, x_2 の組合せである。したがって，同じ無差別曲線上の任意の点は，同じ効用水準を意味している。

▶ 図による説明

u を u^* で固定したときの無差別曲線を描いてみよう。無差別曲線は原点 O に向かって凸となるような曲線である。

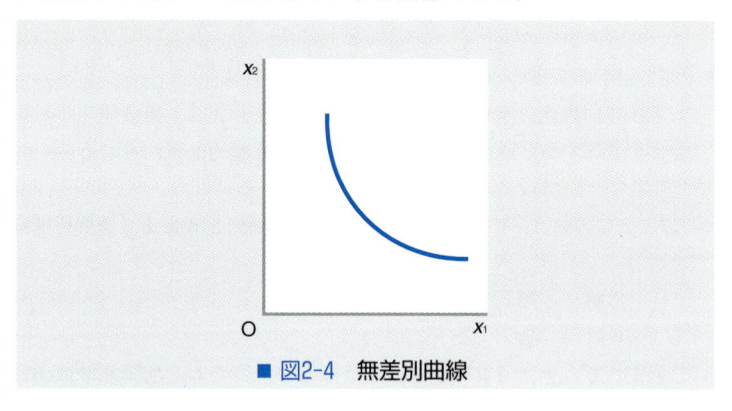

■ 図2-4　無差別曲線

［2］限界代替率

例題2.3

無差別曲線の傾きは，限界代替率と呼ばれる。

$$x_1の限界代替率 = \frac{x_2の減少幅}{x_1の増加幅} \quad （同じ効用水準を維持する）$$

限界代替率は，その財の消費量が小さいときに大きく，その財の消費量が増加するにつれて小さくなっていく。

限界代替率は2つの財の限界効用の比率に等しい。

$$x_1の限界代替率 = \frac{x_1の限界効用}{x_2の限界効用}$$

ある財の限界効用が逓減しなくても，限界代替率は逓減する。限界代替率の逓減が成立すれば，無差別曲線の形状は原点に凸

になる。

[3] 無差別曲線の 4 つの性質

無差別曲線には，次のような性質がある。
(1) 無差別曲線は右下がりである。
(2) 無差別曲線は原点に凸である。
(3) 右上方に位置する無差別曲線ほど，対応する効用水準は高い。
(4) 無差別曲線同士が交わることはない。

コラム

パレート（Pareto, Vilfredp Federico Damaso 1848 - 1923）

パレートはパリに生まれ，ワルラスの後継者としてローザンヌ大学教授を務めた。主著『経済学提要』（1906年）で，現在のミクロ経済学においてきわめて重要な用具である無差別曲線を用いた分析や，彼の名前に由来するパレート最適の概念を提示した。それまでの一般的な経済学が，ミクロ経済学として広く認知されるとともに，共通の概念や用語に基づいて，学問として世界中に普及した背景には，パレートによる明快な概念整理が不可欠であった。とくに，パレート最適性の概念は，完全競争と資源配分の効率性とを対応させる重要な考え方であり，市場メカニズムのメリットを厳密に示すうえで有益である。

例題2.3

千円札を X とし，1万円札を Y とすると，X, Y から成る効用を一定にする無差別曲線はどのように定式化できるか。

お札の種類に関心を持つ人はいないだろう。お札の種類ではなくて，その総額に関心を持つと考えるべきだろう。したがって，所有しているお札の総額が一定であることが，札をもつことによる効用が一定であること，すなわち，無差別曲線の定義を満たす。したがって，以下のように定式化される。

$$I(一定の値) = 10Y + X$$

つまり，10枚の千円札 X は1枚の1万円札 Y と同じであり，その合計が一定であれば，札の種類は無差別になる。

図2-5に示すように，この場合の無差別曲線は右下がりの直線になる。

もし，札の枚数にも関心を持つのであれば，通常の原点に向かって凸の無差別曲線を描くこともできる。たとえば，同じ種類の札の枚数が増えると，使用するときに不便を感じる場合があるかもしれない。1万円札ばかりでは，千円以下の買い物をする際に細かく両替しなければならず，不便かもしれない。また，千円札ばかりでは財布がかさばってしまうかもしれない。

同じ金額であれば，2つの札を同じ程度の枚数だけ所有する方が，1つの種類の札のみを所有するよりも望ましいと考える場合には，無差別曲線は通常の曲線（原点に向かって凸の曲線）になる。

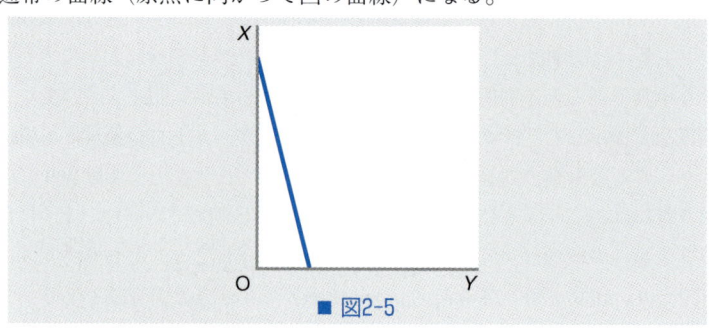

■ 図2-5

■ 問 題 ■

◆2.8 無差別曲線の位置と形状に関して正しいのはどれか。
（ア）選好と所得あるいは予算制約に依存する。
（イ）対象となる財の価格のみに依存する。
（ウ）選好と所得，対象となる財の価格に依存する。
（エ）所得，対象となる財の価格に依存するが，選好には依存しない。
（オ）選好のみに依存する。

◆2.9 もしA財よりもB財の方が好まれ，B財よりもC財の方が好まれ，かつ，A財とD財が無差別であれば，正しいものはどれか。
（ア）D財はC財よりも好まれる。
（イ）B財はD財よりも好まれる。
（ウ）C財とD財は無差別である。
（エ）A財とC財は無差別である。
（オ）B財とD財は無差別である。

◆2.10 限界代替率逓減の法則は，次の何を意味するか。
（ア）効用が序数的である。
（イ）無差別曲線が右下がりである。
（ウ）需要が一意的に決まる。
（エ）無差別曲線が交わらない。
（オ）上のすべて。

◆2.11 2財X，Yに関する無差別曲線が右上がりであるとすれば，どのような選好を意味しているか。
（ア）補完関係にある。
（イ）X財かY財が（消費量が増加すると効用は減少するという意味で）不快な財である。
（ウ）合理的消費者の選好とはいえない。
（エ）X，Y財ともに不快な財である。
（オ）代替関係にある。

（→解答は p.236）

2.4 主体的均衡点

[1] 主体的均衡とは何か

経済主体の個人的な最適化行動の条件を満たしている点を，**主体的均衡点**と呼ぶ。家計の場合は，効用を最大にするような消費行動の最適条件を満たす点である。

[2] 主体的均衡点

消費者にとってもっとも望ましい点は，予算線と無差別曲線との接点 E で与えられる。

▶ **主体的均衡点の条件式**：限界効用均等の法則

主体的均衡点 E では，無差別曲線の傾きと予算線の傾きが等しい。

$$x_1 の限界代替率 = x_1 の相対価格$$

なお，上の条件式は，次のようにも書き直すことができる。

$$\frac{x_1 の限界効用}{x_1 の価格} = \frac{x_2 の限界効用}{x_2 の価格}$$

例題2.4　これを，限界効用均等の法則と呼ぶ。

例題2.5　一般的に，ミクロ経済学で経済主体の主体的な均衡点を求める際には，その選択の結果得られる限界的なメリットと限界的なデメリットが一致する点を求めればよい。

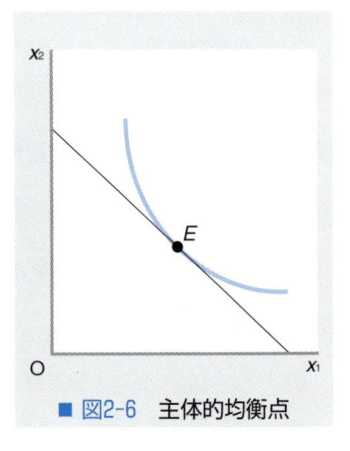

■ 図2-6　主体的均衡点

例題2.4

40の所得をA，B2財に配分する問題を考える。以下の初期条件が与えられている。

	価格	購入量	効用	限界効用
A	0.8	40	1500	40
B	0.5	16	1000	20

このとき，効用を最大化するのにもっともらしい行動はどれか。
（ア）A財の購入を減らし，B財の購入を増やす。
（イ）A財の購入はそのままで，B財の購入を増やす。
（ウ）A財の購入を増やし，B財の購入を減らす。
（エ）A財の購入を増やし，B財の購入はそのままにする。
（オ）現状維持でよい。

答え：（ウ）

主体的均衡の条件は，価格と限界効用の比が2財で一致することである。それぞれの限界効用を価格で割って比を求めると，

A　$\dfrac{40}{0.8} = 50$

B　$\dfrac{20}{0.5} = 40$

すなわち，限界効用の価格比は，A財の方がB財のそれよりも高い。したがって，A財の購入を増加して，その分だけB財の購入を減少すれば，総効用は増加する。

いま1単位だけA財の購入を増加すると，総効用は限界効用の大きさ40増加する。それに必要な金額は0.8円である。予算制約を維持するには，B財を0.8/0.5＝1.6単位だけあきらめればよい。1.6単位のB財の減少による効用の減少分は1.6×20＝32となる。これは，40の効用増加分よりも小さい。つまり，2500から2508へ，40－32＝8だけ，総効用は増加する。

例題2.5

ある消費者が予算制約式上の点を選択している。しかし，達成可能なもっとも高い効用に対応する無差別曲線上にないとしよう。この消費者は最適に行動していない。その理由としてもっともらしいのは，以下のうちどれか。

(ア) 2つの財を両方とも多く消費できるはずだから。
(イ) より右上方の無差別曲線の方が所得が多いはずだから。
(ウ) 1つの財の消費を増やすためにあきらめても良いと考えているもう1つの財の消費量の大きさが，この点では価格比に等しいから。
(エ) 同じ予算制約式の上でより効用水準の高い点を実現できたはずだから。
(オ) 限界代替率と価格比率は等しいけれども，効用を増加させる点が別にあるはずだから。

答え：(エ)

予算制約式の上にありながら，効用を最大にしていないということは，図2-7に示すように，予算線と無差別曲線が接していない点 A を選択している。同じ予算線上で別の点（無差別曲線との接点 E）を選択することで，より効用水準の高い点を実現できたはずである。

ただし，A 点から E 点に移動するときに，2つの財の両方とも多く消費することはできない。同じ予算線上での移動であるから，1つの財をたくさん消費すれば，もう1つの財の消費量を減らす必要がある。また，右上方に移動することも，同様な理由で不可能である。(ウ)(オ)は主体的均衡に関する記述であるが，A 点ではそもそも主体的均衡が実現していない。

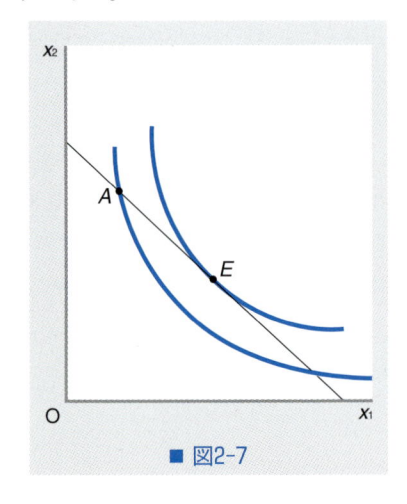

■ 図2-7

問 題

◆ 2.12 消費者が2財の限界効用の比が1になるところまで消費するのが最適とすれば、2財の価格比はどうなっているか。

◆ 2.13 消費者が2財 A, B について、効用の最大化をしているときに成立するのはどれか。
（ア）各財の限界効用が等しい。
（イ）各財の総効用が等しい。
（ウ）各財の総効用を各財の価格で割ったものが等しい。
（エ）各財の限界効用を各財の価格で割ったものが等しい。
（オ）各財の限界効用がゼロになる。

◆ 2.14 市場価格あるいは所得が変化して、消費者が新しい均衡に動いたとする。新しい均衡では、すべての財の限界効用が低下したとする。2つの財の選好は変化してないとすれば、正しいのはどれか。
（ア）消費者の効用は低下した。
（イ）消費者の効用は増加した。
（ウ）消費者の所得が低下したか、価格が上昇したかいずれかである。
（エ）消費者の所得が低下し、かつ、価格が上昇した。
（オ）何ともいえない。

◆ 2.15 2つの財 X, Y がある。X の限界効用は2であり、Y の限界効用は1である。それぞれの財の価格が10であるとき、消費者はどのように行動すれば効用を増加することができるか。
（ア）X をより消費し、Y の消費を減少する。
（イ）X の消費を抑えて、Y の消費を増加する。
（ウ）Y の消費を現状維持するという条件で、X の消費を増加する。
（エ）X の消費を現状維持するという条件で、Y の消費を増加する。
（オ）現状維持でよい。

◆ 2.16 消費者の主体的な均衡点は、
（ア）財市場での需給が一致した点である。
（イ）労働市場での需給が一致した点である。

（ウ）もっとも効用の高い無差別曲線上の点である。
（エ）消費者の満足度を示す無差別曲線上の点である。
（オ）無差別曲線と予算制約線との接点である。

◆2.17　2種類の消費財 X, Y から得られる効用 U が以下のように表されるとする。
$$U = aX + bY + c$$
$a, b, c > 0$

X の価格を p_X, Y の価格を p_Y とおくとき，主体的均衡条件を求めよ。

（→解答は p.236, 237）

●2.5　所得効果と代替効果

[１] 所得が拡大したときの効果

　所得が増加すると，予算線 AB は右上方に平行シフトする。

　新しい均衡点は，新しい予算線上で無差別曲線と接する点 E_1 である。主体的な均衡点は E_0 から E_1 へと移動する。

　所得が拡大したときの消費に与える効果が，所得効果である。

　──→ 所得効果がプラスである財は，正常財（上級財）と呼ばれる。

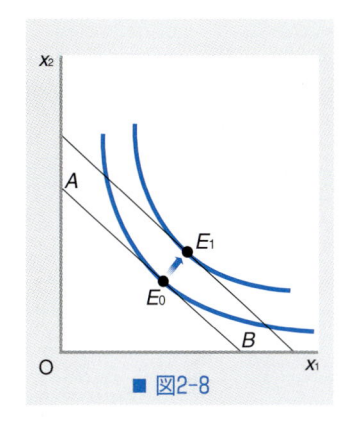

■ 図2-8

[２] 劣等財：所得効果がマイナスの財。

　たとえば，主食としての麦などが劣等財の例として考えられる。

　すべての財が劣等財であるケースは，考えられない。

　２財のケースでは，１つの財が劣等財であればもう１つの財は必ず正常財となる。

[３] 所得消費曲線：所得の拡大による均衡点 E の変化の軌跡を曲線として表したものが，所得消費曲線である。

[４] 所得弾力性

　所得弾力性は，所得が１％拡大するときに，その財の需要が何％拡大するかを示す。

$$所得弾力性 = \frac{その財の需要の増加率（\%）}{所得の増加率（\%）}$$

　所得弾力性の高い財は，贅沢品である。逆に，所得弾力性の低い財は，生活必需品である。塩などの必需品は所得が拡大しても，た

いして需要が刺激されるわけではない。

［5］**エンゲル係数**：所得のなかで食費に投入される割合

［6］**価格変化の効果**

　財1の価格 p_1 が上昇したとしよう。このとき，財1の相対価格 p_1/p_2 も上昇する。予算線は AB から $A'B$ へとシフトする。

　したがって，主体的な均衡点は E_0 から E_1 へ移動する。（E_0 から E_2 への動き）は，相対価格が一定のもとでの実質的な所得の減少による予算線の平行下方シフト（AB から ab へ）の効果を表し，（E_2 から E_1 への動き）は，同じ効用水準を維持するように（同じ無差別曲線上を動くように）実質的な所得が調整されたときの消費行動の変化を表している。前者を所得効果，後者を代替効果と呼ぶ。

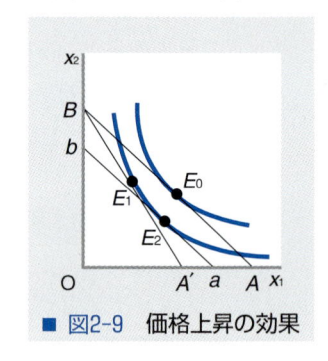

■ 図2-9　価格上昇の効果

例題2.6　▶ **所得効果**：p_1 の限界的上昇は x_1 円の所得の減少に等しい。

例題2.7　▶ **代替効果**：p_1 の価格変化の相対的な有利さを表す。

　効用水準が同じ水準で維持されて，同じ無差別曲線上を動くときの，価格変化の需要に与える効果を抽出している。これを補償需要への効果という。

［7］**スルーツキー方程式**

　価格 p_1 が変化した場合の x_1 に対する効果は，次のようにまとめることができる。

$$\frac{\Delta x_1}{\Delta p_1} = \left(\frac{\Delta x_1}{\Delta p_1}\right)_{\text{効用一定}} - \left(\frac{\Delta x_1}{\Delta M}\right) x_1$$

　　　　　　代替効果　　　　所得効果

例題2.8　実際の需要の変化は，代替効果の部分と所得効果の部分（価格上昇のときはマイナスの効果となる）に分解できる。

[8] **ギッフェン財**：劣等財のなかでも，その財の価格の低下により，その財の需要が減少する財。所得効果の大きさが代替効果の大きさを上回る。

[9] **クロスの価格変化の効果**

他の財の価格（p_1）が x_2 に与える代替効果をクロス（交叉）の代替効果，また，自らの財の価格（p_1）が x_1 に与える代替効果を自己の代替効果と呼ぶ。

p_1 の x_2 に与える効果は，スルーツキー方程式では，次のように表現される。

$$\frac{\Delta x_2}{\Delta p_1} = \underbrace{\left(\frac{\Delta x_2}{\Delta p_1}\right)_{効用一定}}_{クロス代替効果} - \underbrace{\left(\frac{\Delta x_2}{\Delta M}\right) x_1}_{所得効果}$$

[10] **代替財と補完財**

他の財の価格が上昇したとき，クロスの代替効果がプラスに働く財を代替財，逆に，クロスの代替効果がマイナスに働く財を補完財と呼ぶ。

[11] **代替効果の性質**
(1) 自己の代替効果はマイナスである。
(2) クロスの代替効果の符号は確定しない。
(3) クロスの代替効果は対称的である。
(4) 代替効果を消費者価格で加重和するとゼロになる。

例題2.6

X, Y財が代替財であるが，完全代替ではないとする。もしX財の価格が上昇して所得効果が生じると，この所得効果からは何がいえるか。ただし，所得効果はプラスとする。
（ア）Y財の需要が増加する。
（イ）Y財の需要が減少する。
（ウ）Y財の需要は変化しない。
（エ）X財の価格がY財の価格を上回れば，Y財をより需要する。
（オ）Y財の需要の変化は不確定である。

答え：（イ）

　X財の価格の上昇は実質的な所得を減少させる。所得効果がプラスに働く正常財であると想定しているから，Y財の需要は減少する。なお，代替効果については，X財の価格の上昇でY財の需要は刺激される。これは，両財が代替財であることによる。しかし，この問題では所得効果のみを対象としているので，代替効果については考える必要がない。

　図2-10では，X財の価格上昇による所得効果は E_0 から E_2 への動きとして表される。所得効果に限定すれば，予算制約式が並行に原点方向にシフトするので，Y財の需要は減少する。

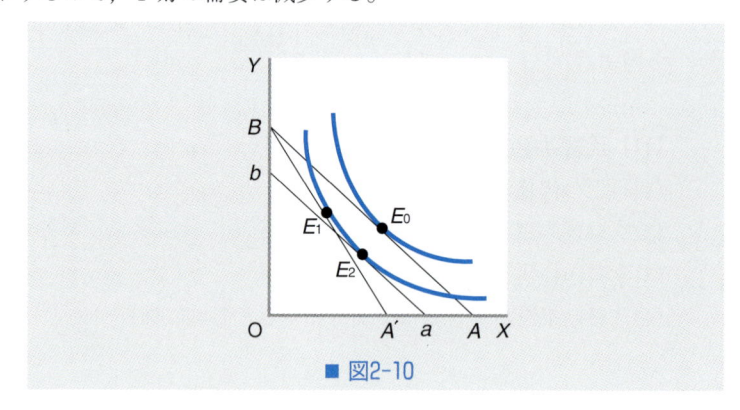

■ 図2-10

例題2.7

X，Y財が代替財であるとする。しかし，完全代替ではないし，劣等財でもない。もしX財の価格が上昇すると，代替効果からは何がいえるか。
(ア) Y財の需要は変化しない。
(イ) Y財の需要は増加し，所得効果をちょうど相殺して，X，Y財の消費はともに減少する。
(ウ) Y財の需要は減少し，所得効果を増幅し，X，Y財の消費はともに減少する。
(エ) X財の需要が減少する代替効果とちょうど対応して，Y財の需要は増加する。
(オ) X財の需要が減少する代替効果とちょうど対応して，Y財の需要は減少する。

答え：(エ)

お互いに代替財であるから，X財の価格が上昇すると，代替効果からX財の需要は減少し，Y財の需要は増加する。

例題2.6の図2–10では代替効果は E_2 から E_1 への動きとして表すことができる。今までよりもY財の相対価格（X財の価格との相対的な比較）が低下するので，X財よりもY財を需要する方が相対的に魅力的になる。したがって，代替効果に限定すれば，必ずY財の需要は増加し，X財の需要は減少する。

2財のケースで代替効果をみると，どちらかの財の需要は増加し，どちらかの財の需要は減少する。2つの財の需要が同じ方向（増加あるいは減少）に動くことはあり得ない。これは，代替効果が同じ無差別曲線上での動きに対応しているからである。無差別曲線は必ず右下がりだから，代替効果も2つの財の需要を逆方向に変化させる。

例題2.8

3つの財X，Y，Zを消費する家計を考える。XとYは代替関係にあり，YとZは補完関係にある。また，Xは劣等財であるが，Y，Zは正常財であるとする。ここで，Y財の価格が低下すると，代替効果，所得効果からみてそれぞれの財の需要はどう変化するか。
（ア）X財の代替効果はプラスであり，所得効果はマイナスである。
（イ）X財の代替効果はプラスであり，所得効果はプラスである。
（ウ）Y財の代替効果はマイナスであり，所得効果はプラスである。
（エ）Z財の代替効果はマイナスであり，所得効果はプラスである。
（オ）Z財の代替効果はプラスであり，所得効果はプラスである。

答え：（オ）

Y財の価格低下の所得効果は，実質的な所得が増加した効果であり，正常財であれば，その財の需要を刺激し，逆に，劣等財であれば，その財の需要を抑制する。したがって，所得効果からみれば，X財の需要は抑制され（マイナス），Y，Z財の需要は刺激される（プラス）。

代替効果では，代替関係の財の需要を抑制し，その財および補完関係にある財の需要を刺激する。したがって，X財の需要は抑制され（マイナス），Y，Z財の需要は刺激される（プラス）。

以上の両方の効果がともに正解であるのは（オ）である。

なお，この問題のように3つ以上の財を選択する場合には，すべての財の需要関係が代替関係であるとはかぎらない。補完関係にある財同士では，価格変化の代替効果も同じ方向に働く。この問題のように，Y財の価格が低下すると，代替効果に限定すると，Y財の需要は増加するが，同時にZ財の需要も増加する。しかし，3つの財すべてが補完関係にあることはない。逆に，3つの財すべてが代替関係にあることは十分に考えられる。

言い換えると，代替関係の方が補完関係よりもより強いといえる。これは，代替効果が相対価格の変化を意味する以上，すべての財が同じ方向に動くことがあり得ないからである。

また，所得効果についても，すべての財が正常財であることはあり得ても，すべての財が劣等財であることはあり得ない。これは，Y財の価格が低下すれば，実質的な所得が増加しているので，すべての財の需要が減少することがないためである。

コラム

マーシャル（Marshall, Alfred 1842–1924）

マーシャルは長くイギリスのケンブリッジ大学教授を務め，経済史上，ピグー（Pigou, Arthur Cecil 1877–1959）やケインズ（Keynes, John Maynard 1883–1946）を含むケンブリッジ学派の創始者である。彼は，主著である『経済学原理』（1890年）において，「他の事情にして一定ならば」という仮定の下で，本来は一般均衡論的な価格理論を部分均衡理論として展開していった。厳密な数理経済学よりも実際に役だつミクロ経済学の発展に貢献した。彼の名前は，現在の経済学でもいくつかの重要な経済用語として残っている。たとえば，数量調整が価格の調整速度よりも遅い市場の調整プロセスは，マーシャル的調整過程と呼ばれる。また，貨幣数量説の方程式で，貨幣の流通速度の逆数はマーシャルの k と呼ばれる。経済学が，暖かい心とともに冷静な頭脳ももたねばならないとして，社会的な正義感と科学としての厳密性の両方を重視すべきことを説いたのも，彼の特徴である。

問　題

◆2.18　X, Y 財のクロスの弾力性が1.6とする。正しいのは，以下のうちでどれか。
（ア）2 財は補完財である。
（イ）2 財は競争的な代替財である。
（ウ）2 財は代替財ではない。
（エ）どちらの財の価格が変化しても，もう1つの財の消費には影響しない。
（オ）1つの財の価格の低下で，もう1つの財の需要は増加する。

◆2.19　非ギッフェン財に対する需要の価格弾力性が非弾力であるとすれば，価格の低下は何をもたらすか。
（ア）他財の需要が増加する。
（イ）その財の需要が増加する。
（ウ）その財の購入額が減少する。
（エ）その財の購入額が増加する。
（オ）その財の購入額が一定になる。

◆2.20　B 財の価格が変化したときの所得効果について，正しいものはどれか。
（ア）所得効果は，B 財の価格が減少したことで，B 財の購買力が増加したことによる効果である。
（イ）所得効果は，所得が増加したときに，すべての財の購入を増加させる効果である。
（ウ）所得効果は，B 財の価格が上昇したときに，A 財の購入が増加する効果である。
（エ）所得効果は，消費者がより多くの所得を手にしたときに，B 財の購入も増加する効果である。
（オ）所得効果は，2つの財のうちで，ある財をより多く購入する相対価格の変化による効果である。

◆2.21　A 財の価格が低下したときに，B 財の需要曲線が右上方にシフトしたとする。このとき，正しいものはどれか。
（ア）A と B は代替財である。
（イ）A と B は補完財である。
（ウ）B は劣等財である。

（エ）A 財の需要は弾力的である。
（オ）A，B 財ともに劣等財である。

◆ 2.22　ギッフェン財は，負の所得効果をもつ財のなかでも，以下のどの条件の下で生じるか。
（ア）所得効果が代替効果よりも大きい。
（イ）所得効果が負であるだけで十分である。
（ウ）価格効果が代替効果マイナス所得効果に等しい。
（エ）代替効果が所得効果よりも大きい。
（オ）需要のクロスの弾力性がゼロである。

◆ 2.23　2 つの財 A，B がお互いに代替財であることは，次の何を意味するか。
（ア）価格弾力性が 1 である。
（イ）所得弾力性がプラスである。
（ウ）A 財の価格が上昇すると，B 財の需要は減少する。
（エ）価格が変化すると，それ以上の割合で需要量が変化する。
（オ）クロスの価格弾力性がプラスになる。

（→解答は p.237）

2.6 需要曲線

[1] 一家計の需要曲線

主体的均衡点 E での所得と価格の変化に対する動きから，ある財 1 の需要水準 x_1 は，通常は所得水準 M の増加関数，その財の価格 p_1 の減少関数，そして，他の財の価格 p_2 の減少あるいは増加関数として定式化できる。

$$x_1 = x_1(p_1 ; M, p_2)$$

例題2.9　このような関数を需要関数と呼んでいる。

この関係を，縦軸に p_1，横軸に x_1 の図で示したものが，この財 1 の需要曲線である。

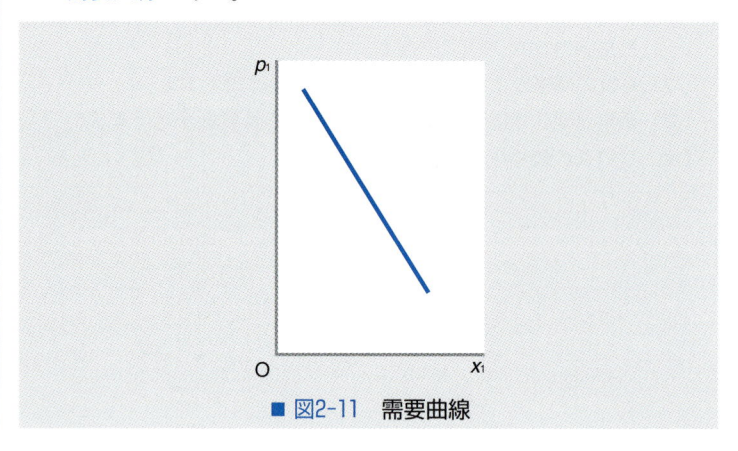

■ 図2-11　需要曲線

例題2.9

効用関数が
$$U = XY$$
で与えられ，予算制約式が
$$p_1 X + p_2 Y = M$$
で与えられている。ここで，X, Y は2つの財，p_1, p_2 はそれぞれの価格，M は所得である。このとき，X, Y 財に対する需要関数を求めよ。

予算制約式より
$$X = (M - p_2 Y)/p_1$$
これを効用関数に代入すると，
$$U = (M - p_2 Y) Y / p_1$$
この式は Y についての2次関数である。

この式を Y について微分して，ゼロとおくと
$$0 = (M - p_2 Y - p_2 Y)/p_1$$
したがって，$M = 2 p_2 Y$　これより，Y について書き直すと，
$$Y = M/2 p_2$$
これが Y 財に対する需要関数である。この式を X の式に代入すると
$$X = M/2 p_1$$
これが X 財に対する需要関数である。

この例題にあるようなコブ=ダグラス型の効用関数の場合，それぞれの需要関数は自己の価格と所得に依存するが，他の財の価格には依存しない。

なお，微分を用いなくても，主体的均衡条件を直接用いることで，需要関数を導出できる。X 財の限界効用は Y であり，Y 財の限界効用は X であるから，
$$Y/p_1 = X/p_2$$
が成立する。これより，
$$X = p_2 Y / p_1$$
この式を予算制約式に代入しても，X, Y 財の需要関数が求められる。

問題

◆2.24 ある財 Z の需要量が，Z の価格 P_z と所得 Y，財 W の価格 P_w に依存している。

$$Z = 150 - 8P_z + 2Y - 15P_w$$

もし Y が50で P_w が6とすると，この需要関数はどのように書けるか。

◆2.25 ある個人 i のビールの需要関数が，

$$D_i = 100 - 2p$$

と書ける。ここで p はビールの価格である。
(1) 同じ需要関数を持つもう1人の人の需要関数も同様であるとする。このとき，2人の需要を合計した市場の需要関数はどうなるか。
(2) 一般的に n 人の個人が同じ需要関数（上の式で示される）を持っているとき，市場の需要関数はどうなるか。

◆2.26 需要曲線に関する以下の文章のなかで正しいものはどれか。
(ア) 一家計の需要曲線と市場の需要曲線とは同じである。
(イ) 一家計の需要曲線の方が市場の需要曲線よりも，その傾きが急になっている。
(ウ) 一家計の需要曲線の方が市場の需要曲線よりも，その価格弾力性が大きい。
(エ) 一家計の需要曲線と市場の需要曲線とは何ら関係がない。
(オ) すべての家計の需要曲線が右下がりであっても，市場の需要曲線が右下がりにならない場合もある。

(→解答は p.238)

消費理論の応用

本章は，第2章の応用として労働供給，貯蓄，不確実性，顕示選好の理論など，いくつかの重要なトピックを解説する。基本的な考え方は第2章同様であり，限界的な便益と限界的な費用との比較で消費者が最適行動を行うというものである。消費理論は現実に十分応用可能な手法であることを理解する。

KEY CONCEPTS

●3.1 労働供給

[1] 労働供給の理由

労働者は自らの働く時間を最適に選択できる。

[2] 問題の定式化

家計の効用関数を次のように定式化する。

$$u = u(c, H-L)$$

ここで，c は通常の財の消費量，H は家計の保有している労働供給可能時間（1日を単位としてとれば24時間），また L は労働供給時間である。

[3] 労働供給に関する無差別曲線

c と $H-L=x$ についての図で，効用水準を一定に維持する無差別曲線 I を描くことができる。c, x ともに効用を増大させるが，限界効用は逓減する。原点に向かって凸になる。

[4] 予算線

単位時間（たとえば1時間）あたりの賃金を w，消費財の価格を p とすると，次のような予算制約が存在する。

$$pc = wL$$

労働所得 wL は総消費金額 pc に等しい。

$L = H - x$ を上の式に代入して，

$$pc + wx = wH$$

が得られる。この式を図示したのが，図3-1における予算線 AB である。

予算線 AB の傾き $\dfrac{w}{p}$ は消費財で測った実質賃金である。

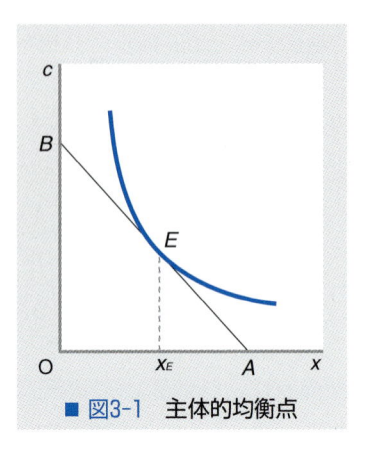

■ 図3-1　主体的均衡点

［5］主体的均衡点

家計の最適点は，予算線と無差別曲線との接点 E である。E 点に対応する x の水準 x_E が最適な余暇の水準であり，$A - x_E$ が最適な労働供給水準 L_E である。

主体的な均衡点 E では，労働供給を拡大するメリットとデメリットが等しい。

［6］労働供給と賃金率

w の上昇によって予算線 AB は右上方にシフトする。ただし，A 点は変化しない。その結果，主体的な均衡点は，図3-2で E_0 から E_1 へと変化する。

消費，余暇ともに正常財であるとすれば，E_1 は E_0 の上方にあるが，右側にあるのか左側にあるのかは確定しない。これは，w 上昇の余暇に与える代替効果

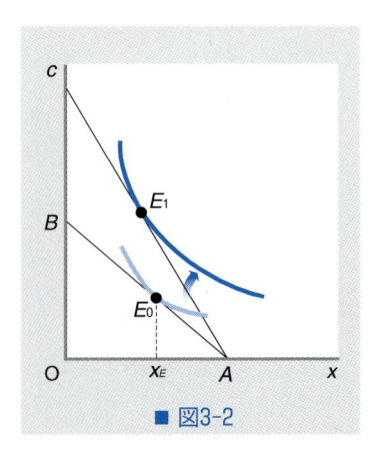

■ 図3-2

と所得効果が相殺する方向に働くからである。

[7] 所得効果と代替効果

代替効果の方が所得効果よりも大きければ，wの上昇によって，xは減少し，Lは増大する。逆に，所得効果の方が大きければ，wの上昇によって，xは増大し，Lは減少する。

例題3.1

[8] 労働供給関数

労働供給関数は次のように定式化できる。

$$L = L\left(\frac{w}{p}\right)$$

図3-3に示すように，実質賃金 $\dfrac{w}{p}$ と労働供給との関係は，一般的に確定しない。

▶ 実証の結果

女性：実質賃金と労働供給とはプラスの相関が有意に検出される。

男性：労働時間と実質賃金率とのプラスの相関は，それほど有意ではない。

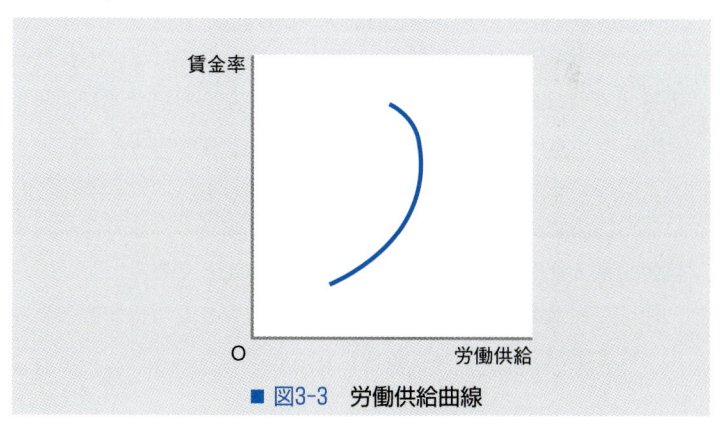

■ 図3-3　労働供給曲線

例題3.1

時間あたりの賃金率が上昇したとする。この所得効果は何か。
（ア）労働供給曲線を右上がりにさせる。
（イ）完全雇用では労働供給曲線を垂直にさせる。
（ウ）完全雇用では労働供給を減少させる。
（エ）労働供給曲線の垂直な領域をシフトさせる。
（オ）余暇が正常財であるとすれば，代替効果とは逆方向に働く。

答え：（オ）

　賃金率の上昇による所得効果は，実質的な所得を増加させて，余暇が正常財の場合，余暇の需要を刺激し，その分だけ労働需要を抑制する。したがって，労働供給は減少する。これは，相対的に働くことの魅力が増すという代替効果（勤労意欲を刺激する効果）とは逆に働く。

　この所得効果は，労働供給曲線を右下がりにさせる要因である。ただし，これは，完全雇用における労働供給とは直接の関係はない。また，賃金率を縦軸にとっているので，労働供給曲線がシフトすることもない。

　所得効果が代替効果を上回れば，賃金が上昇したときに労働供給は減少する。所得水準がある程度高い先進諸国では，こうした可能性が現実に生じていると考えられる。賃金率がすでに高いときには，それ以上賃金率が上昇してもあまり労働供給は増加しない。むしろ，今までよりも労働供給を減らしても，同じ生活水準を維持できるだけの所得を手にすることができるので，労働時間を減らして，余暇の時間を増やす選択をする。ヨーロッパ諸国で賃金が高いにもかかわらず，家計の労働時間が少ないのは，代替効果よりも所得効果の方が効いているからである。

　逆に，途上国では賃金水準も低く，余暇よりも所得の増大を選好するので，賃金率が上昇すれば，労働供給は刺激される。

■ 問 題 ■

◆ 3.1 以下の文章の（ ）に正しい用語を入れよ。
　家計は労働供給を自由に（　）できるという前提で，労働供給関数が導出される。労働供給関数は通常右（　）りであるが，これは賃金率の上昇による（　）効果が（　）効果よりも大きいと考えているからである。

◆ 3.2 労働供給の主体的均衡点に関する以下の文章のうちで正しいものはどれか。
（ア）主体的均衡点は，予算線と無差別曲線が交わった点である。
（イ）労働の限界不効用と賃金所得総額が等しい。
（ウ）余暇の限界機会費用と実質賃金が等しい。
（エ）主体的均衡点は賃金とは無関係である。
（オ）主体的均衡点は家計が消費する財の価格とは無関係である。

◆ 3.3 余暇と賃金所得との選択をしている労働者が，時間給1000円のときに週40時間働き，時間給2000円のときに週35時間働いたとする。この現象を説明するものとして正しいのはどれか。
（ア）余暇の所得効果は代替効果よりも大きい。
（イ）余暇の代替効果は所得効果よりも大きい。
（ウ）余暇の所得効果はマイナスである。
（エ）余暇の代替効果はマイナスである。
（オ）余暇の所得効果と代替効果は等しい。

（→解答は p.238）

●3.2 消費と貯蓄の選択

［１］貯蓄動機
貯蓄は，現在の消費と将来の消費との配分を調整する機能を持っている。

［２］ライフサイクル仮説
家計は現在消費と将来消費とを最適に配分するように，消費・貯蓄の決定をすると考える。

現在と将来の２期間からなるモデルを想定し，c_1 を現在の消費，c_2 を将来の消費としよう。このとき，家計の効用関数は，次のように定式化される。

$$u = u(c_1, c_2)$$

［３］無差別曲線と時間選好率
時間選好率は，現在消費が限界的に減少したとき，どれだけ将来消費が増加しないと家計が満足しないかを示す大きさである。時間選好率が大きいほど，家計は現在の消費を将来の消費に対してより高く評価していることになる。

なお，時間選好率をとくに，$c_1 = c_2$ という現在消費と将来消費が同じ水準 E での無差別曲線の傾きで定義する場合もある。これは，45度線と無差別曲線との交点での無差別曲線の傾きである。

［４］予算線
貯蓄を s，貯蓄の収益率である利子率を r とすると，現在および将来の期における予算制約式は，それぞれ次のように与えられる。

$$c_1 = Y_1 - s$$
$$c_2 = Y_2 + (1+r)s$$

ここで，Y_1, Y_2 はそれぞれ現在と将来における（労働）所得である。rs は利子所得である。

例題3.2

例題3.3

$$c_1 + \frac{c_2}{1+r} = Y_1 + \frac{Y_2}{1+r}$$

この式は，現在と将来との2期間の予算制約式を1つにまとめた現在価値での予算制約式である。

縦軸に c_2，横軸に c_1 の図3-4で表すと，直線 AB において Y 点は，(Y_1, Y_2) という所得の組合せに対応する点であり，貯蓄 $s=0$ の場合に実現する消費の組合せを意味している。

[5] 最適な貯蓄の決定

主体的な均衡点は，無差別曲線と予算線との接点 E で与えられる。E 点に対応する消費の組合せ (c_{1E}, c_{2E}) が最適な消費水準であり，これを実現するように，最適な貯蓄水準も決定される。

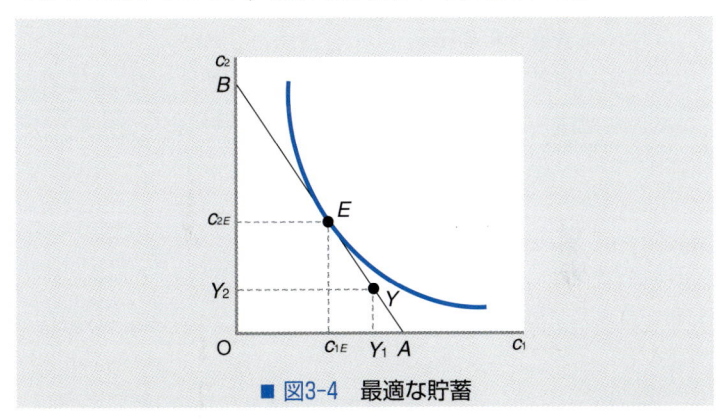

■ 図3-4 最適な貯蓄

- 無差別曲線の傾きは，現在消費の限界代替率＝1＋時間選好率である。これは，現在消費を追加的に増加させるときの限界的なメリットを示している。
- 予算線の傾きは現在消費と将来消費の相対価格＝1＋利子率である。

これは，現在消費を追加的に増加させるときの限界的なデメリットを示している。

⎯⎯→この両者が一致している点が，貯蓄の最適点になっている。

［6］利子率と貯蓄
利子率 r の上昇で貯蓄 s が刺激されるかどうかは，代替効果と所得効果の相対的な大きさに依存している．代替効果の方が所得効果よりも大きければ，r の上昇によって c_1 は減少し，s は増大する．

［7］貯蓄関数
貯蓄関数は次のように定式化される．
$$s = s(r, Y_1, Y_2)$$
s は Y_1 の増加関数であり，Y_2 の減少関数であるが，s と r との関係は理論的には不確定になる．代替効果が所得効果よりも大きければ，s は r の増加関数となる．

▶ **実証分析の結果**

貯蓄が利子率によってプラスに影響されることを疑問視する実証研究もある．

例題3.2

効用を最大化する家計が600万円の年間所得を稼いで，その3分の1を食料費に支出するとする。政府が以下のような食料費の支援政策を実施する。

政策Ａ：150万円の補助金
政策Ｂ：食料にのみ支出可能な150万円の商品券
政策Ｃ：100万円の商品券（ただし，この商品券で食料を購入する場合，2円あたり3円分の食料を購入できる）

このとき，以下のうちで正しいものはどれか。
（ア）3つの計画は無差別である。
（イ）家計にとってはＡがもっとも望ましく，ＢとＣは無差別である。
（ウ）家計にとってはＡ，Ｂ，Ｃの順で望ましい。
（エ）家計にとってはＢがもっとも望ましく，ＡとＣは無差別である。
（オ）家計にとってはＢ，Ａ，Ｃの順に望ましい。

答え：（ア）

　政策Ａでは，150万円だけ所得が増加するから，600+150=750万円の所得を得る。食料への配分額は3分の1だから，250万円が食料費に充てられる。政策Ｂでは，150万円分の食料費が実質的にただになるから，750万円の所得を得て，250万円の食料費を支出して，そのうちの150万円分を商品券で購入すれば，結果として政策Ａと同じ状態になる。政策Ｃでは，100万円の商品券をすべての食料費に支出すれば，150万円分の食料費を賄うことができる。この場合，実質的には150万円の商品券（つまり，政策Ｂ）と同じになる。以上より，いずれの政策も200万円から250万円に食料費を50万円増加させるという同じ効果をもつ。

　わが国では1999年に消費を刺激する目的で，子供一人あたり2万円の商品券が支給された。これは，減税（あるいは補助金）として2万円が支給されるのと同じ効果をもつ。すなわち，商品券だから特別に消費を刺激する効果があるわけではない。2万円の実質的な所得の増加の一部は貯蓄に回るから，商品券金額と同じ分だけの消費は増加しない。

例題3.3

2人の個人がそれぞれ次のような消費関数をもっている。

$C_1 = 5 + 0.8Y_1$

$C_2 = 10 + 0.7Y_2$

ここで，C は消費量，Y は所得である。このとき，もし総所得が各人に等しくなるように再配分されるとすれば，総貯蓄がゼロとなる各人の所得水準はいくらになるか。

貯蓄水準 S は，$Y - C$ であるから，

$S_1 = 0.2Y_1 - 5$

$S_2 = 0.3Y_2 - 10$

となる。総貯蓄は，$S_1 + S_2$ であるから，

$S_1 + S_2 = 0.2Y_1 + 0.3Y_2 - (5 + 10)$

これがゼロになるから，次式が成立する。

$0.2Y_1 + 0.3Y_2 - (5 + 10) = 0$

ここで，各人の所得が等しいという条件

$Y_1 = Y_2 = Y$

をもちいると

$0.5Y = 15$

したがって，$Y = 30$ となる。

図3-5では，個人1の正の貯蓄と個人2の負の貯蓄がちょうど等しくなる点 E で与えられる。

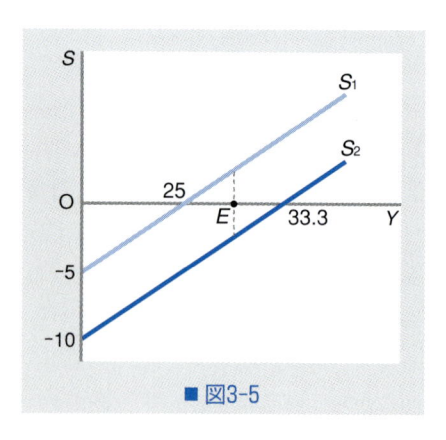

■図3-5

問題

◆3.4 もし消費者がより消費意欲を持つようになれば，何がいえるか．
（ア）貯蓄曲線は上方にシフトし，消費曲線は下方にシフトする．
（イ）貯蓄曲線は下方にシフトし，消費曲線は上方にシフトする．
（ウ）貯蓄曲線は上方にシフトし，消費曲線も上方にシフトする．
（エ）貯蓄曲線は下方にシフトし，消費曲線も下方にシフトする．
（オ）貯蓄曲線は上方にシフトし，消費曲線はシフトしない．

◆3.5 2期間の消費に関する効用関数が
$$U = c_1 c_2$$
で表されるとする．また，2期間それぞれの予算制約式は
$$c_1 = Y - s$$
$$c_2 = (1+r)s$$
である．ここで，c_1，c_2はそれぞれの期の消費量，Yは第1期の所得，sは貯蓄，rは利子率である．
（1）消費，貯蓄の最適配分の主体的均衡条件を求めよ．
（2）貯蓄関数を求めよ．

◆3.6 以下の文章のなかに適当な用語を入れよ．
　時間選好率は，現在消費が限界的に減少したとき，将来消費がどれだけ（　）しないと，家計が今までと同じ（　）を維持できないかを示す大きさである．時間選好率が大きいほど，家計は現在消費を将来消費と比較して（　）評価していることになる．

（→解答は p.238, 239）

● 3.3 不確実性と顕示選好の理論

［1］危険分散

リスクがあると，家計の消費行動は危険分散的になる。これは，「卵を運ぶ際にすべての卵を1つのバスケットに入れない」のと同じ行動である。

［2］期待値

期待値とはそれぞれの状態で発生する大きさを，それぞれの状態が生じる確率で加重して平均した値である。

［3］セントペテルスブルグの逆説

期待値が実は不確実性の判断基準としてもっともらしくないことを示唆している。

［4］期待効用

例題3.4

期待効用は，それぞれの状態での効用水準を，それぞれの状態の起きる確率で加重和したものである。したがって，期待効用の大きさは，どのような効用関数を前提とするかで異なってくる。

所得の限界効用が逓減するときには，危険を回避して安全な所得を選好する。

［5］危険回避の程度

限界効用が逓減する効用関数は，危険回避的な選好を反映している。したがって，ここでの効用は基数的な意味での効用である。限界効用がより大きなスピードで逓減するほど，危険回避の程度も大きい。

条件付きの財の市場とそこでの価格が与えられれば，不確実性があってもあたかも不確実性がないかのように，問題を定式化できる。

[6] 顕示選好の理論

効用関数やそれに対応する無差別曲線を想定しないで，家計の消費行動から間接的に消費者の選好に関して何らかの有益な情報を得ようとする試みが，顕示選好の理論である。

コラム

ワルラス（Walras, Marie Esprit Leon 1834–1910）

ワルラスはローザンヌ大学教授として，一般均衡理論の数学的な構築に大きな業績をあげた。彼の主著である『純粋経済学要論』（1874年）では，交換の理論，生産の理論，資本と信用の理論，流通と貨幣の理論のそれぞれが相互依存関係にあることを示して，一般均衡理論を構築している。なかでも完全競争市場の一般均衡では，需要と供給の不一致が価格の調整で円滑に行われるというワルラス的調整過程や，ある財の市場以外のすべての市場において需給が一致していれば，その財の需給も一致していることを意味するワルラス法則などの理論を提示した。また，競り人を想定することで市場均衡を成立させる彼のメカニズムは，模索過程と呼ばれている。このように，彼はミクロ経済学の理論モデルとして重要な一般均衡理論の基礎を築いた。

例題3.4

選択Aでは，確率2分の1でそれぞれ1と11の所得が得られるとする。あるいは，選択Bでは，確率1で6の所得が得られるとする。以下の効用関数を前提とすると，期待効用の観点からどちらの選択が望ましいか。
（ア）$U=20X-X^2$
（イ）$U=X^2$
ここで U は効用，X は所得を意味する。

（ア）の場合　選択Aで期待効用を求めると，

$$EU = 0.5(20-1) + 0.5(20 \times 11 - 121) = 59$$

また，選択Bで効用を求めると，

$$EU = U = 20 \times 6 - 36 = 84$$

したがって，選択Bの方が期待効用（確実なケースであるから効用と同じ）が高い。

（イ）の場合，選択Aで期待効用を求めると

$$EU = 0.5 \times 1 + 0.5 \times 121 = 61$$

また，選択Bで効用を求めると

$$EU = U = 36$$

したがって，今度は選択Aの方が期待効用が高い。

すなわち，（ア）のように限界効用が逓減する効用関数をもっているときには，リスクを分散する（＝確実な所得を手に入れる）方が，同じ期待値（この問題では6）であっても，望ましい。これに対して，（イ）のように限界効用が逓増する効用関数をもっているときには，リスクをとる（＝選択Aのように不確実な所得に期待する）方がより高い期待効用を得る。

■ 問 題 ■

◆ 3.7 以下の文章のうちで正しいものはどれか。
（ア）期待値を最大にするとき，危険分散行動が説明できる。
（イ）期待効用は，期待値の効用水準である。
（ウ）限界効用が逓減する効用関数は，危険を好む選好を反映している。
（エ）期待値が同じでも，期待効用は異なる。
（オ）限界効用が逓増する効用関数は，危険回避的な選好を反映している。

◆ 3.8 年収1000万円の個人が確率1/2で失業して，再就職するとする。再就職先での年収が800万円に減収になるとする。この人が減収額の全額を保険でカバーする私的保険に加入すると，そうでない場合よりもどれだけ効用は増加するか。以下の図で示せ。ただし，保険に加入するときの保険料は，（保険金支払額）×（失業の起きる確率）であり，保険に加入してもしなくても，失業したときの減収額は同じであるとする。
（ア）BD
（イ）BC
（ウ）CD
（エ）AD
（オ）AC

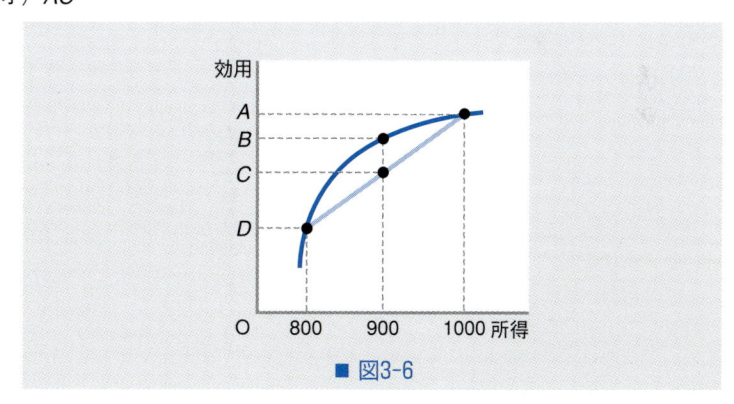

■ 図3-6

（→解答は p.239）

3.3 不確実性と顕示選好の理論　69

企業と費用

本章では，消費者と並んで重要な経済主体である企業の生産行動を分析対象とする。生産関数の概念を理解するとともに，利潤最大化の前提として必要不可欠である費用最小化行動を中心に議論する。費用曲線には，限界，平均，短期，長期などさまざまなものがあるが，その相互関係を理解することが重要である。

KEY CONCEPTS

●4.1 企業の目的

［1］企業と生産要素

ミクロ経済学の基本的な枠組みでは，企業の生産活動を非常に抽象化されたモデルで考える。生産プロセス自体は分析の対象とせず，生産要素の投入と生産物の関係が主要な関心となる。

［2］短期と長期

短期とは労働の調整は可能であるが，資本の調整が不可能な期間である。

長期とは資本も含めてすべての生産要素が自由に調整できる期間である。

［3］利潤の極大とその他の目的

例題4.1　企業の最大の目的は，利潤の追求である。利潤が獲得できるから，従業員の経済的な要求にも対応できるし，社会的な貢献も可能になり，株主の配当にも答えていける。

例題4.1

企業が利潤極大化行動をとっていなかったとすると，何が問題なのか。

　企業が利潤極大を度外視して，他の目的，たとえば，従業員の賃金を最大化したり，雇用を最大化したりすると，どういう弊害が起きるのだろうか。賃金が上昇し，雇用が確保されることは，すでに雇用されている労働者からみれば，望ましい。しかし，利潤が最大化されていない場合には，そうした従業員の福利厚生を重視する政策も，長期的に維持できなくなる。

　利潤があがらなければ，採算がとれない。従業員への賃金支払総額が大きくなりすぎると，企業の利潤が減少し，将来に必要な投資が抑制され，場合によっては，長期的に生産を継続できなくなる。

　では，最低限の利潤を確保するという制約のもとで従業員の福利厚生を最大にすることは可能だろうか。企業ではなくて，何らかの協同組合あるいは非営利団体（NPO：Nonprofit Organization）であれば，そうしたこともできるだろう。しかし，企業の場合は，利潤が最大になっていなければ，他の利潤獲得機会を逃していることになる。株式会社であれば，株価があまり高くならない。他の経営者に乗っ取られる可能性が生まれる。株式会社でなくても，その企業をそっくり買収することが有利であるから，そうした可能性はあり得る。また，完全競争市場で長期的に参入の機会があれば，利潤ゼロで操業することが，利潤最大化企業でもやっとの状態である。完全競争市場で利潤最大化行動をとらない企業は，損失を出して，市場から退出を余儀なくされる。

問 題

◆ 4.1 以下の文章のうちで正しいものはどれか。
（ア）企業は利潤を最大化するために，生産活動をしている。
（イ）企業は社会的な貢献のために，ある程度の利潤を追求している。
（ウ）企業は従業員の雇用を確保するために，必要な利潤を追求している。
（エ）企業は株主に配当するために，生産活動をしている。
（オ）どれも正しい。

◆ 4.2 以下の行動は企業の利潤最大化行動と両立するか。
（ア）リストラのためスポーツクラブの支援をやめた。
（イ）タレントを使って巨額の宣伝費を投入した。
（ウ）従業員のために豪華な外国旅行に出かけた。
（エ）コピー代を節約して経費を削減した。
（オ）手元資金がないので，優良な投資機会を逃した。

（→解答は p.239）

●4.2 生産関数

［1］生産関数の定式化

生産関数は，生産要素と生産物との技術的な関係を表したものである。

いま2つの生産要素 x_1, x_2 を投入して生産物 y が生み出されるとしよう。生産関数は，次のように与えられる。

$$y = f(x_1, x_2)$$

生産要素の投入量 x_1, x_2 が増大すると，生産量 y も増加するが，ある1つの生産要素のみを投入しつづけると，生産の増加の大きさ（＝限界生産）はしだいに低下する。これを限界生産逓減の法則という。

▶ 図による説明

例題4.2　図4-1は x_2 を固定して，x_1 のみを変化させたときの x_1 と y との関係を描いている。x_1 を増加させると，y も増加するが，その増加の大きさ（＝曲線の傾き＝限界生産）はしだいに小さくなる。

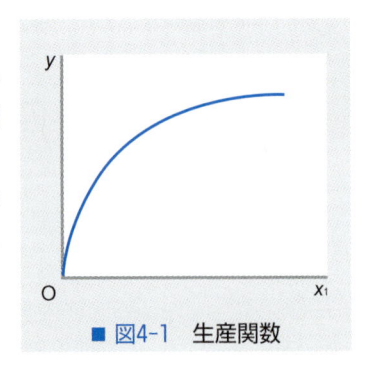

■ 図4-1　生産関数

［2］効用関数との相違点

生産関数は序数的ではなく，基数的な概念である。利潤が基数的な概念だからである。

▶ S字の生産関数

x_1 が小さいときにはむしろ限界生産が逓増し，ある点を越えて初めて，限界生産が逓減する。労働の投入を考えても，最初のうちは生産の能率が上昇して，むしろ限界生産が増大する。しかし，あまり労働を投入しすぎると，やがては能率が低下して限界生産も低下

していく。

[3] 限界生産と平均生産

平均生産は，投入量 1 単位あたりの生産量である。

限界生産は，投入量の限界的な追加がもたらす生産量の増加分である。

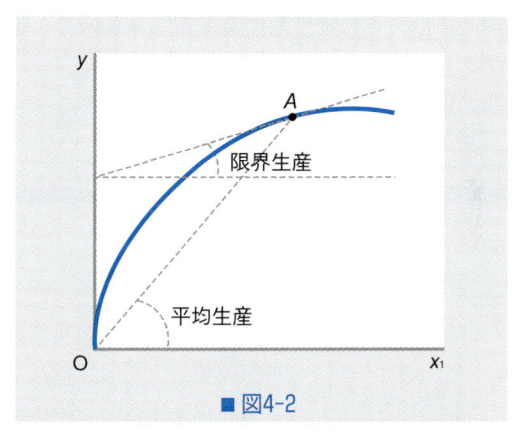

■ 図4-2

A 点での限界生産はその点 A での生産曲線の傾きであるが，平均生産はその点 A を結ぶ原点 O からの直線の傾きである。

限界生産が逓増するかぎり平均生産も拡大するが，限界生産が逓減すると，やがては平均生産も減少する。

▶ **収穫一定**　2 つの生産要素 x_1, x_2 を同時に 2 倍にしたとき，y も 2 倍になる。

▶ **収穫逓増**　2 つの生産要素 x_1, x_2 を同時に 2 倍にしたとき，y が 2 倍以上になる。

▶ **収穫逓減**　2 つの生産要素 x_1, x_2 を同時に 2 倍にしたとき，y が 2 倍以下にしか増えない。

収穫逓増の場合には，その生産を開始するのに多くの固定コストが必要である。あるいは，規模が拡大するにつれて学習効果などが働いて，生産効率が上昇する。

例題4.2

限界生産逓減の法則が成立するとき，生産量の増加が意味するのは，次のうちでどれか。

（ア）すべての生産要素が比例的に増加する。
（イ）少なくとも1つの生産要素が増加する。
（ウ）1つの生産要素が増加し，他の生産要素が一定である。
（エ）追加的に投入される生産要素が非効率なので，生産量の増加は少なくなる。
（オ）生産要素の投入と比例的に生産量も増加するが，その価値は減少する。

答え：(エ)

　限界生産逓減とは，追加的に投入される生産要素からの限界的な貢献の度合いがしだいに低下するということである。ある生産要素（たとえば，資本設備）を一定として，他の生産要素（たとえば，労働）のみの投入量を増加しても，もちろん，生産量は増加するが，その増加の程度は，労働投入が増えるにしたがって，しだいに低下する。

　（ア）と（イ）は生産量の増加の1つのパターンを示しているが，限界生産逓減とは直接の関係はない。（ウ）は限界的に生産要素の投入が増加することを意味するが，その結果として，生産量がどうなるかは言及していない。（オ）は生産量の投入に比例して生産量が増加するとしているから，これは，限界生産逓減とは異なる。また，限界生産逓減はあくまでも技術的な生産要素投入と生産量の関係を示し，価格や生産額の変動とは無関係である。

━━━━━━━━━━■ 問　題 ■━━━━━━━━━━

◆4.3　2つかそれ以上の生産要素を投入して生産するときの生産関数について，正しいものはどれか。
　（ア）ある1つの生産要素と生産量との技術的な関係を示している。
　（イ）ある所与の生産水準のもとで，費用最小化を実現する生産要素の組合せを示している。
　（ウ）収入と費用の関係を示している。
　（エ）それぞれの生産水準に対応する生産費用を示している。
　（オ）上のどれでもない。

◆4.4　収穫逓減の法則が意味するものは何か。
　（ア）費用が逓減するにつれて，生産量が増加する。
　（イ）すべての生産要素を同じ割合で増加させたとき，生産物がその割合では増加しない。
　（ウ）ある一定の生産量を生産するために必要な生産要素の投入量がしだいに少なくなる。
　（エ）特定の生産要素をある割合で増加させ，他の生産要素を固定しておく場合，生産量はその割合ほどには増加しない。
　（オ）生産量が増加するにつれて，生産要素の使用量が増加し，利潤の増加幅が減少する。

◆4.5　以下の生産関数を前提にして，投入量 $X=9$ のときの限界生産と平均生産をそれぞれ求めよ。
　（ア）$Y = 20X - 0.5X^2$
　（イ）$Y = 2X^{0.5}$
　（ウ）$Y = 2X - 2$

（→解答は p.240）

4.3 等生産量曲線と等費用曲線

[1] 等生産量曲線

企業の利潤最大化行動は，費用最小化行動を前提する。

等生産量曲線は，生産量 y をある任意の一定水準に固定したときに，それを実現する生産要素 x_1, x_2 の組合せである。等生産量曲線 AB は原点 O に向かって凸の曲線であり，無差別曲線と同様の形状をしている。

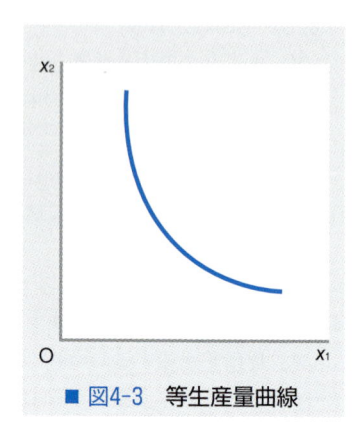

■ 図4-3　等生産量曲線

[2] 等生産量曲線の性質

(1) 等生産量曲線は，右下がりである。
(2) 等生産量曲線は，原点に向かって凸である。
(3) 等生産量曲線は右上方に行くほど，より大きな生産水準に対応している。
(4) 2つの等生産量曲線が交わることはない。

▶ 技術的限界代替率

等生産量曲線の傾きで生産要素間の限界代替率を定義する。これを技術的な限界代替率と呼ぶ。

$$x_1 \text{の技術的限界代替率} = \frac{x_2\text{の増加幅}}{x_1\text{の減少幅}} \quad (\text{同じ} y \text{を維持する})$$

例題4.3　⟶ 限界代替率は逓減する。

▶ 等生産量曲線の幅

図4-4のように，生産水準の拡大の比率と等生産量曲線の幅の比率が同じであれば，収穫一定の生産関数になる。

・生産水準の拡大の比率の方が大きければ，収穫逓増となる。

- 等生産量曲線の幅の比率の方が大きければ，収穫逓減となる。

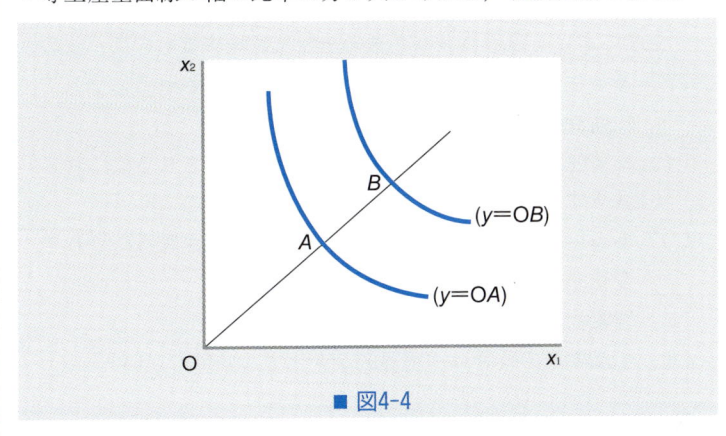

■ 図4-4

[3] 等費用曲線

　等費用曲線は，生産に要する総費用が一定となる生産要素投入量の組合せである。

　x_1，x_2 という生産要素をある一定期間生産に投入するのに，それぞれ w_1，w_2 だけの費用がかかるとしよう。生産にかかる総費用 c は，

$$c = w_1 x_1 + w_2 x_2$$

で定義される。

　図4-5で直線 AB は，ある総費用 c に対応する x_1，x_2 の組合せを示している。等費用曲線は右下がりである。

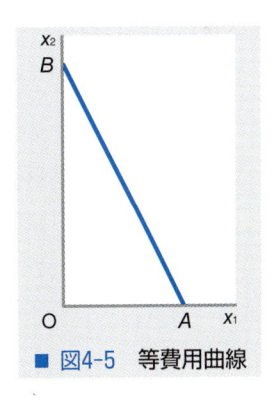

- 等費用曲線 AB の傾きは $\dfrac{w_1}{w_2}$ であり，2つの生産要素の価格の比を表す。
- x_1 の価格 w_1 が高くなるほど，x_1 を1単位増加させて同じ総費用を維持するには，x_2 をより大きく減少させる必要がある。
- 原点に近い等費用曲線ほど，総費用 c の大きさは小さい。

■ 図4-5　等費用曲線

例題4.3

生産における限界代替率逓減の法則が意味するものは，次のうちで何か。

(ア) ある生産要素 X が別の生産要素 Y に代替されるにつれて，Y の限界生産性は X のそれよりも低下する。

(イ) ある生産要素 X が別の生産要素 Y に代替されるにつれて，総生産が減少する。

(ウ) ある生産要素 X が別の生産要素 Y に代替されるにつれて，投入量が変化する生産要素の要素価格も変化する。

(エ) 要素代替によって，平均生産が減少する。

(オ) 生産要素の代替は，限界的な変化でしか生じない。

答え：(ア)

　限界代替率とは，等生産量曲線の傾きの絶対値であり，1つの生産要素の限界生産ともう1つの生産要素の限界生産との比率である。同じ生産水準を維持するように2つの生産要素間での代替を進めると，1つの生産要素 X の投入水準がすでに大きい場合，もう1つの生産要素 Y の投入水準は小さい。限界代替率が逓減するとは，大きな投入水準の生産要素 X を小さな投入水準の生産要素 Y に限界的に代替するときに，1単位の X の減少に対する Y の増加の大きさは少なくてすむことをいう。また，X から Y への代替が進むにつれて，X の減少に対する Y の増加の大きさは大きくないと，一定の生産水準を維持できなくなることも意味する。

　(イ)と異なり，この法則は同じ生産水準を想定している。また，(ウ)と異なり，要素価格の変化は想定していない。(エ)が想定するような平均生産を議論する法則ではない。(オ)と同じく，生産要素間の代替は限界的な変化であるが，それだけがこの法則の内容ではない。

問題

◆4.6 生産要素 Q, Z を用いる企業の等費用曲線が
$$180 = 6Q + 3Z$$
で与えられる。生産要素間の限界代替率はどうなるか。

◆4.7 以下の文章のなかで正しいものはどれか。
 (ア) 等費用曲線は生産要素の価格にも依存している。
 (イ) 等費用曲線は交わることもある。
 (ウ) 等費用曲線は生産量と生産関数の形に依存している。
 (エ) 等費用曲線は右上方に行くほど,より小さな生産量に対応している。
 (オ) 等費用曲線は右上がりである。

◆4.8 等生産量曲線について,以下の文章のうちで正しいものはどれか。
 (ア) 2つの曲線が交わる場合もある。
 (イ) 右上がりとなる場合もある。
 (ウ) 同じ曲線上でも,生産水準が異なる場合もある。
 (エ) 限界代替率が逓減しなくても,右下がりとなる。
 (オ) 限界代替率が逓減すれば,右上方に行くほど生産水準は低くなる。

(→解答は p.240)

● 4.4 費用関数

[1] 費用関数の概念

費用関数は，ある生産量とその生産量をもっとも効率よく生産する場合に要する費用との関係を示す。生産要素をもっとも効率よく生産に投入する際に，どれだけの費用がかかるかを考えると，企業の**費用最小化問題**を考えることになる。

[2] 企業の費用最小化問題

等生産量曲線上で**もっとも総費用の小さな点**が，**費用最小化問題**の解となる。

E 点が企業の主体的な均衡点であり，E 点に対応する生産要素の投入水準 (x_{1E}, x_{2E}) が最適な投入水準となる。また，それに対応する総費用 c_E が最適な総費用である。

- 等生産量曲線の傾きは**技術的な限界代替率**であり，x_1 の追加的な拡大により同じ生産量を維持するには，どれだけの x_2 の投入が節約できるかを示す。これは，x_1 の拡大が費用を削減する効果でみると，限界的なメリットである。

- 等費用線の傾きである**生産要素価格の比率** w_1/w_2 は，同じ費用を維持するときに，x_1 の追加的な拡大でどこまで x_2 が削減できるかを示す。これは，x_1 の拡大の費用削減効果でみると，限界的なコストである。

　──→ 主体的な均衡点 E 点では，両者が等しい。

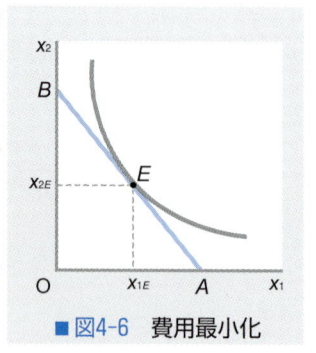

■ 図4-6　費用最小化

▶ **費用関数**

費用最小化問題の解としての最適な費用水準 c は，y と w_1, w_2 の関数として定式化できる。これが**費用関数**である。

$$c = c(y, w_1, w_2)$$

また，それぞれの生産要素に対する需要関数も同様にして，y と w_1, w_2 の関数として定式化できる。

$$x_1 = x_1(y, w_1, w_2)$$
$$x_2 = x_2(y, w_1, w_2)$$

［3］家計の効用最大化行動との類似点

無差別曲線は等生産量曲線と似た形状であり，家計の予算線が企業の等費用曲線と似た形状をもっている。家計と企業ともに，主体的な均衡点は2つの曲線の接点で与えられる。

［4］生産量拡大の効果

例題4.5　　y が大きくなると，等生産量曲線が右上方に平行シフトする。均衡点は E_0 から E_1 へと移動する。

y の1単位の増加が c をどれだけ増加させるかが，y 拡大の限界費用 MC である。

$$限界費用 = \frac{費用の増加分}{生産量の増加分}$$

また，生産量1単位あたりの費用が平均費用 AC である。

$$平均費用 = \frac{費用}{生産量}$$

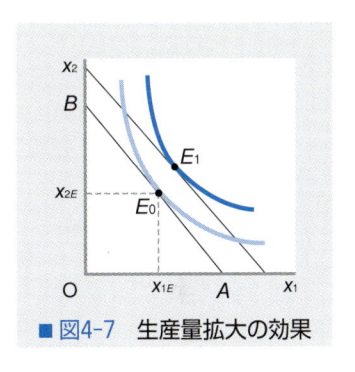

■ 図4-7　生産量拡大の効果

［5］限界費用曲線
限界費用 MC と生産量 y との関係を示したもの。

もし，すべての生産要素が調整可能であり，収穫一定の生産関数であれば，限界費用は生産水準が拡大しても変化しない。水平な限界費用曲線 MC になる。

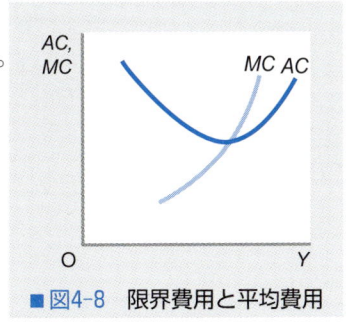

■ 図4-8　限界費用と平均費用

例題4.4 ［6］**平均費用曲線**　平均費用 AC と生産量 y との関係を示したものである。

　平均費用曲線の形状は，それに対応する限界費用曲線 MC の形状に依存する。

　⟶平均費用は，それが限界費用よりも小さければ，生産量 y とともに上昇し，逆に，それが限界費用よりも大きければ，生産量 y とともに減少する。

［7］**生産要素価格の変化**

　w_1 の上昇で等費用曲線の傾き（の絶対値）は大きくなる。その結果，図4-9において均衡点は E_0 から E_1 へと移動する。y は一定であるから，等生産量曲線はシフトしない。

　⟶等費用線の傾きの絶対値が上昇した分だけ，新しい均衡点 E_1 は古い均衡点 E_0 の左上方になる。

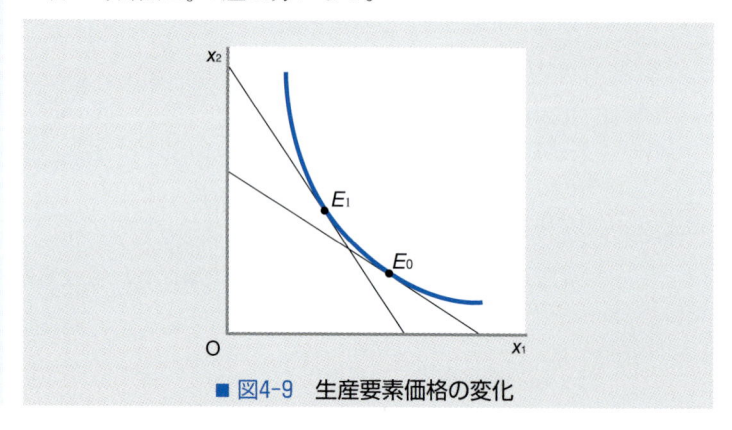

■ 図4-9　生産要素価格の変化

例題4.4

ある工場で，400単位の生産水準での限界費用が2であり，500単位の生産水準での限界費用は2.5とする。生産量が400から500の範囲内では平均費用はどうなるか。

(ア) 増加している。
(イ) 減少している。
(ウ) 一定である。
(エ) 増加しているか減少しているかは確定しないが，一定であることはない。
(オ) 増加してから減少するが，ネットでは増加している。

答え：(エ)

平均費用（AC）が一定であるとすれば，その範囲で限界費用（MC）と一致しているはずである。つまり，図4-10に示すように，限界費用と平均費用は同じ水平線となる。しかし，この問題では限界費用が増加している。

限界費用が増加する場合の平均費用と限界費用の関係は，一般的に図4-11のように表される。したがって，限界費用が増加していることは，必ずしも平均費用の変化について確定的な情報にならない。平均費用は増加しているかもしれないし，減少しているかもしれない。

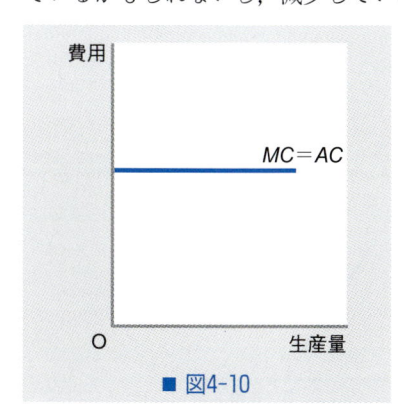

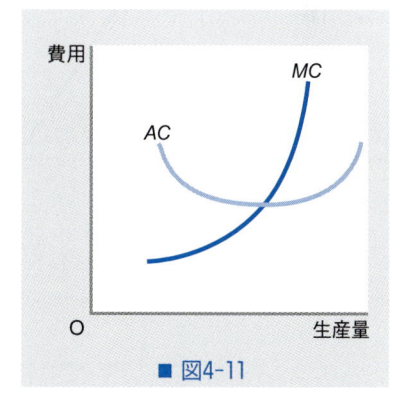

■ 図4-10

■ 図4-11

4.4 費用関数

例題4.5

生産要素の投入による総生産量と限界生産との関係で正しくないものはどれか。

(ア) ある投入水準での総生産量はそれまでの投入水準における限界生産量の総和である。
(イ) 限界生産量にその生産水準に必要な投入量を掛け合わせると，総生産量になる。
(ウ) 総生産量曲線の傾きが限界生産である。
(エ) 限界生産曲線の下の面積が総生産量である。
(オ) 限界生産は，1単位の投入量の増加による総生産量の増加で定義される。

答え：(イ)

総生産量は，限界生産曲線の下の総面積である。つまり，図4-12では台形 $OBEC$ に相当する。(イ)は，図に示すように，そのうちの一部分 $ODEC$ しか対応していない。

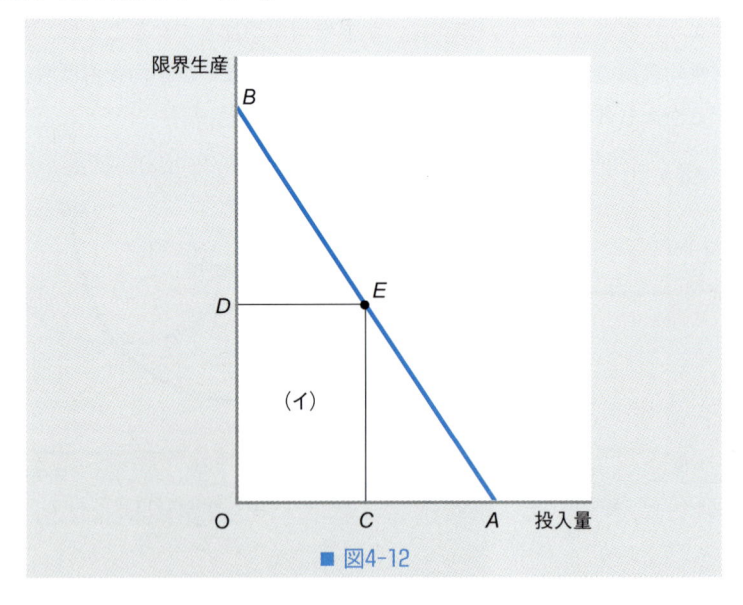

■ 図4-12

■ 問 題 ■

◆ 4.9　最初に増加し，次に，減少に転じる費用曲線を定式化したものは，以下のうちのどれか。

なお，Y が総費用であり，X は生産量である。

（ア）$Y = a + bX$　　（$a>0$, $b>0$）

（イ）$Y = a - bX$　　（$a>0$, $b>0$）

（ウ）$Y = \dfrac{a}{X}$　　（$a>0$）

（エ）$Y = a_0 + a_1 X + a_2 X^2$　　（$a_2 < 0$, $a_1, a_0 > 0$）

（オ）$Y = \log X + a$　　（$a>0$）

◆ 4.10　6人の労働者を雇用して6単位生産するときの企業の総労働費用が1580とする。7人を雇用して7単位生産するときには，総労働費用は1700である。労働費用の120の変化は何を意味するか。

（ア）限界生産

（イ）限界生産価値

（ウ）限界費用

（エ）限界収入

（オ）限界収入価値

◆ 4.11　限界費用に関する説明として正しいのはどれか。

（ア）限界費用が増加すると，必ず平均費用も増加する。

（イ）限界費用は可変費用の変化の程度によって決定される。

（ウ）限界費用曲線が平均費用曲線と交わることはない。

（エ）限界費用と生産量の積が総費用である。

（オ）限界費用が最小となる点が生産水準の最適規模である。

（→解答は p.240）

●4.5 短期と長期の費用曲線

[1] 固定費用と可変費用

労働の投入の場合は，労働市場で容易に労働者を雇用することができる。したがって，短期的には労働（x_1）のみが生産要素として調整可能であり，資本（x_2）は長期において初めて調整可能である。労働を雇用する費用は可変費用であり，資本を使用する費用は固定費用である。

[2] 短期の費用関数

いま資本投入 $x_2 = x_2^*$ で一定となる短期における費用関数を考える。図4-13において $x_2 = x_2^*$ という制約は，x_2^* を通る水平線である。この線と等生産量曲線との交点が短期の主体的な均衡点 E_0 であり，それに対応する総費用線 c が短期の総費用である。

$$c = c(y, w_1, w_2, x_2^*)$$

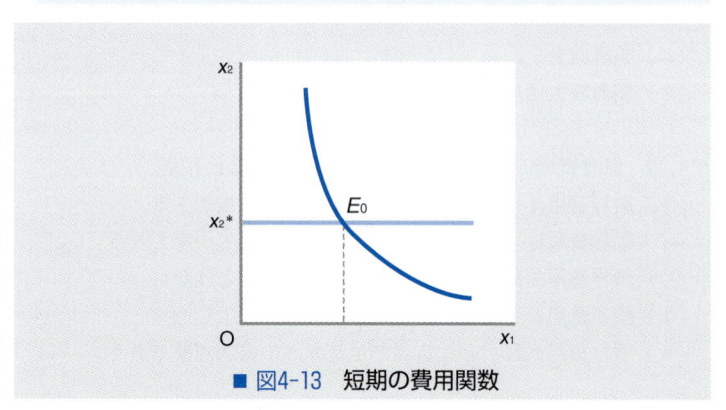

■ 図4-13　短期の費用関数

[3] 短期の平均固定費用　固定費用は一定である。生産量が拡大するにつれて，1単位あたりの固定費用（＝平均固定費用）は減少していく。

［4］長期の費用関数

長期の総費用曲線では資本も自由に調整できるので，それぞれの短期の総費用曲線のもっとも効率的な点のみを選択する。長期費用曲線 LC は短期費用曲線群 SC_i の包絡線になる。包絡線は，短期の費用曲線群のもっとも下方の点の軌跡である。

例題4.6

▶ **生産の最適規模**：長期の平均費用が最小になる点。

短期限界費用曲線 SMC の包絡線として，長期の限界費用曲線 LMC は描かれない。長期限界費用曲線は短期限界費用曲線よりも，その傾きが緩やかになっている。

コラム

スミス (Smith, Adam 1723 - 90)

アダム・スミスはイギリスのスコットランドで生まれた。彼の主著である『道徳感情論』(1759年) では，道徳哲学の伝統に基づき，道徳原理形成と社会秩序維持との関係を議論した。そして，『国富論（諸国民の富）』(1776年) では，比較文明史的考察によって，資本蓄積の進展過程や自然的自由の概念を確立した。彼は，「経済学の父」と呼ばれる。なかでも，『国富論（諸国民の富）』でスミスが用いた用語である「見えざる手」は，自らの利益を追求する個人の試みが，見えざる手によって，すべての人々（つまり社会全体）にとっても最善の状態を達成させるように導かれることを意味しており，市場のメリットを象徴的に示す用語として，もっとも有名なものになった。彼の主張の要点は，自由競争において政府の干渉が危険であるという点である。

例題4.6

限界生産逓減の法則について，正しいものはどれか。
（ア）長期では成立しない。
（イ）規模の経済性を説明している。
（ウ）労働の追加的な投入が生産に与える効果を分析したものとして有益である。
（エ）短期では成立しない。
（オ）技術進歩があるから，現実には妥当しない。

答え：（ウ）

限界生産逓減は，他の生産要素投入を一定として，ある1つの生産要素の投入を増加させるときに，生産量の増加幅がしだいに減少することを意味している。長期であっても，ある生産要素の限界的な貢献の大きさを測るには有益な概念である。

また，限界生産が逓減すれば，規模の経済性は説明できない。現実には技術進歩があるのはたしかであるが，限界生産逓減の法則はかりに技術進歩がない場合になにが起きるかを想定している。したがって，限界生産逓減の生産関数に技術進歩のパラメーターを取り入れることは可能である。たとえば，以下のような生産関数を想定しよう。

$$Y = A(t)X^a$$

ここで，$0<a<1$ である。$A(t)$ は技術進歩を表すパラメーターであり，時間 t とともに A の値は大きくなる。しかし，A が一定の短期では限界生産は逓減する。その理由は，限界生産に関するパラメーター a が1よりも小さい値だからである。

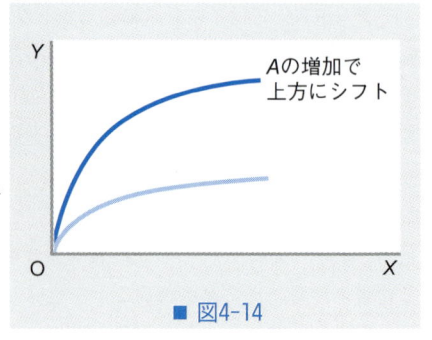

■ 図4-14

■ 問 題 ■

◆ 4.12 次の文章のなかで正しいものはどれか。
 （ア）長期総費用曲線は短期総費用曲線と同じである。
 （イ）長期限界費用曲線は短期限界費用曲線の包絡線である。
 （ウ）長期平均費用曲線は短期平均費用曲線の包絡線である。
 （エ）短期平均固定費用は長期平均固定費用と同じである。
 （オ）長期限界費用曲線の傾きは短期限界費用曲線の傾きと同じである。

◆ 4.13 以下の文章の（ ）に適当な用語を入れよ。
 長期（ ）費用が最小になる点が生産の（ ）である。

◆ 4.14 長期平均費用を LAC，長期限界費用を LMC，短期平均費用を SAC，短期限界費用を SMC と表す。これらの関係を示すものとして正しいのはどれか。
 （ア）LAC 曲線が水平であれば，常に $LAC=LMC$ であり，また，$SAC=SMC$ である。
 （イ）LAC 曲線がU字形をしていれば，LAC 曲線の最低点で $LAC=LMC=SAC=SMC$ である。
 （ウ）LAC 曲線が右上がりであれば，常に $LMC<LAC$ である。
 （エ）LAC 曲線は SAC 曲線の最低点の軌跡である。
 （オ）LMC 曲線は SAC 曲線の包絡線である。

（→解答は p.240）

5 生産の決定

本章では，企業の利潤最大化行動を取り上げる。利潤最大化の条件は家計の効用最大化の条件と形式的には似ている。この主体的均衡条件から，企業の供給曲線を導出するとともに，市場全体での供給曲線も導出できる。第4章と本章を合わせて読みこなすことで，企業行動が理解できる。

KEY CONCEPTS

●5.1 利潤の最大化

[1] 市場の構造

価格支配力のない小さな企業の生産と供給の意思決定問題を分析する。

[2] 利 潤　売上から生産費を差し引いた残り。

市場価格 p のもとでいくらでも生産物を販売できるとき，生産水準 y に比例して売上額 py は増加する。

利潤 π は次のように定義される。

$$\pi = py - c(y)$$

ここで，$c(y)$ は短期の費用関数である。

図5-1には，売上額 py と総費用関数 $c(y)$ をそれぞれ示している。企業は π がもっとも大きくなる $y = y_E$ を選択する。

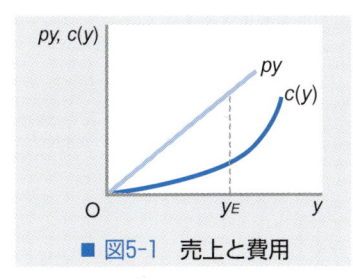

■ 図5-1　売上と費用

［3］主体的均衡点の意味

E点では，売上額線の傾きpと総費用曲線の傾き$c'(y)$とが等しい。

$$p = c'(y) = MC$$

これが企業の利潤極大条件である。

［4］限界費用と価格

例題5.1　限界費用と価格を図5-2に示すと，企業の主体的な均衡点は2つの曲線の交点Eになる。この図で，価格線pはpを通る水平線である。限界費用曲線MCは右上がりの曲線である。

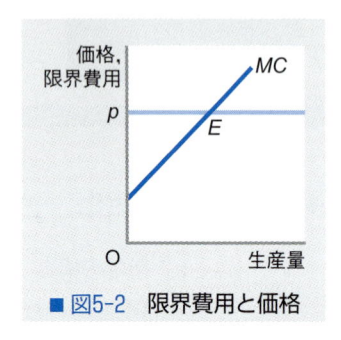

■ 図5-2　限界費用と価格

［5］平均費用と利潤

図5-3に，平均費用曲線ACを描いてみよう。E点での価格と平均費用との差額EFは，生産1単位あたりの利潤の大きさである。したがって，EFと生産量yとの積が総利潤になる。平均費用は固定費用も含めた単位生産水準あたりの費用であるから，面積$EFHp$は固定費用も考慮した総利潤に等しい。

例題5.2

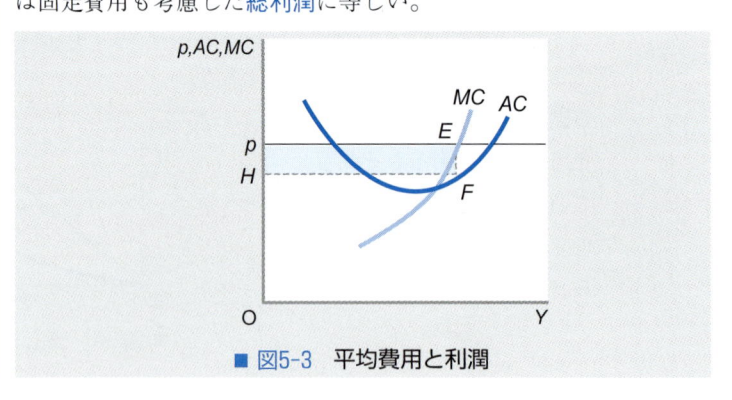

■ 図5-3　平均費用と利潤

[6] 損益分岐点　固定費用も含めた総利潤がゼロになる生産水準。

[7] 操業停止点　平均可変費用が最小となる点。

損益分岐点以下では，固定費用を回収するだけの利潤は期待できない。

$$p = MC < AC$$

しかし，生産をすることでプラスの利益が生じるならば，生産をしないよりはましだろう。

[8] ｓ字型の費用構造
総費用線の傾きが価格 p と一致する点が主体的均衡点 E である。
損益分岐点は，B 点で総費用線と販売収入線が接するまで価格が低下するときに生じる。
操業停止点は，さらに価格が低下して，固定費用分の損失が生まれる S 点（D 点からの傾き p の直線と総費用線が接する点）に対応する。

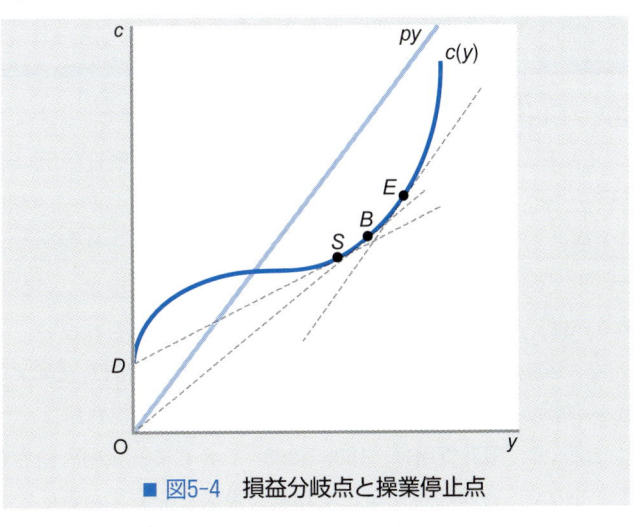

■ 図5-4　損益分岐点と操業停止点

例題5.1

（1）完全競争で生産している企業にとって，総収入が総費用よりも少ないとしよう。もしこの総収入が固定費用以上であるとすれば，以下のうちで正しいのはどれか。

（ア）損失を出しているから，生産をやめるべきである。
（イ）損失を出しているが，それを最小化しているので現状維持でよい。
（ウ）損失を出しているが，生産を拡大することで損失を減少できる。
（エ）損失を出しているが，どうすればいいかは，上の情報のみではわからない。
（オ）損失を出しているかどうかも，上の情報のみではわからない。

（2）完全競争企業が販売価格7のもとで200の生産をしている。平均費用は4.99である。もし生産量を201に増加させると，平均費用は5.00に上昇するとする。利潤を最大にするために，この企業はどうすればいいか。

（ア）限界費用が6なので，生産を増加する。
（イ）限界費用が6なので，生産を減少する。
（ウ）限界費用が7なので，現状の生産を維持する。
（エ）平均費用が5なので，生産を増加する。
（オ）限界費用が5.01なので，生産を増加する。

答え：（1）は（エ），（2）は（ウ）

（1）損失が出ているのは確かだが，総収入が固定費用以上あるので，生産をやめるよりは生産を続ける方が得である。しかし，現状で最適な生産水準にあるかどうかは，限界費用や価格に関する情報がないので，何ともいえない。現状よりも生産規模を拡大する方が望ましいかもしれないし，あるいは，生産規模を縮小する方が望ましいかもしれない。

（2）200の生産量で平均費用が4.99だから総費用は，$200 \times 4.99 = 998$ である。また，201の生産量で平均費用が5だから総費用は，$201 \times 5 = 1005$ したがって，限界費用は，$1005 - 998 = 7$ となる。価格と限界費用が一致しているので，現状の生産規模で利潤が最大になっている。

例題5.2

（1）完全競争市場で企業が1000単位の生産量を価格2で販売している。総費用は1600である。また，平均費用曲線の最小値が実現している。利潤最大化のためには，どうすればいいか。

（ア）現状維持でよい。
（イ）価格を引き上げて，生産を増加させる。
（ウ）生産を増加させる。
（エ）生産を減少する。
（オ）損失を最小化するために，生産を停止する。

（2）完全競争市場で企業が直面する価格が10とする。2000単位の生産量を19000の総費用で行っている。

（ア）利潤を増加するために，生産を拡大すべきである。
（イ）利潤を増加するために，生産を縮小すべきである。
（ウ）損失を最小にするため，生産を停止すべきである。
（エ）現状でも利潤があるが，この利潤が最大かどうかは上の情報ではわからない。
（オ）現状で利潤が最大化されている。

答え：（1）は（ウ），（2）は（エ）

（1）収入は2000であり，総費用は1600であるから，400の利潤がある。平均費用の最小値が実現しているので，限界費用は平均費用と一致する。平均費用を求めると，

$$\frac{1600}{1000} = 1.6$$

したがって，平均費用＝限界費用＝1.6 は価格2よりも小さい。つまり，生産を増加させることで，もっと利潤を多くすることができる。なお，この企業は完全競争市場で販売する企業であり，価格を引き上げる力は持っていない。

（2）収入は20000であり，費用は19000だから1000だけの利潤をあげている。しかし，限界費用に関する情報がないので，現状における1000だけの利潤で，企業の利潤が最大になっているのかどうかは未定である。

問 題

◆5.1 完全競争企業は5000の販売収入がある。ここで利潤が最大になっており、平均費用は8で、限界費用は10である。また、可変平均費用は5である。このときの生産量と利潤はいくらか。

◆5.2 完全競争市場で操業している企業が市場価格5に直面している。現状での生産水準では平均費用は4である。正しい文章はどれか。
（ア）生産を拡大することで利潤は増加する。
（イ）生産を縮小することで利潤は増加する。
（ウ）現状で利潤はプラスであるが，さらに利潤を増やすにはどうすればいいかは，何ともいえない。
（エ）現状で損失を出しているので，平均費用をカバーできるかどうかにかかわらず，操業を停止すべきである。
（オ）現状は損益分岐点である。

◆5.3 総収入 TR が
$$TR = a + bQ - cQ^2$$
で与えられている。ここで，Q は生産量，a，b，c は正のパラメーターである。総収入を最大にする生産量を求めよ。

◆5.4 短期で完全競争企業が利潤極大行動をしているとすれば，その条件は何か。
（ア）限界収入が限界費用と一致する。
（イ）価格は平均費用と等しいかそれ以上である。
（ウ）価格が限界収入に等しい。
（エ）総収入が総費用と等しいかそれ以上である。
（オ）総収入が総固定費用と等しいかそれ以上である。

◆5.5 短期の可変平均費用曲線が右上がりの領域で生じているものとして正しいのは，以下のうちでどれか。
（ア）企業の短期供給曲線に対応している。
（イ）限界生産逓減に対応している。
（ウ）規模の不経済が生じている。
（エ）独占企業ではない。

（オ）生産が停止していることを意味する。

◆5.6 ある企業の固定費用が150であり、利潤が10であるとする。可変平均費用は5で一定であり、市場価格は10である。この企業の生産水準と生産額はそれぞれいくらか。

（→解答はp.241）

5.1 利潤の最大化

● 5.2　供給曲線

例題5.3　［1］企業の供給曲線

　　企業の主体的な均衡条件から，最適な生産水準 y は p の増加関数となる。

　　市場価格と企業の供給量とのプラスの関係を示すのが，供給関数である。

$$y = y(p)$$

例題5.4　供給曲線は限界費用曲線と一致する。

［2］家計の需要曲線との相違点

　　企業の供給行動では，家計の劣等財に相当するケースは生じない。これは，価格の変化が企業の主体的均衡点に与える効果として，代替効果のみしか働かず，所得効果がないからである。したがって，供給曲線が右下がりになることはない。

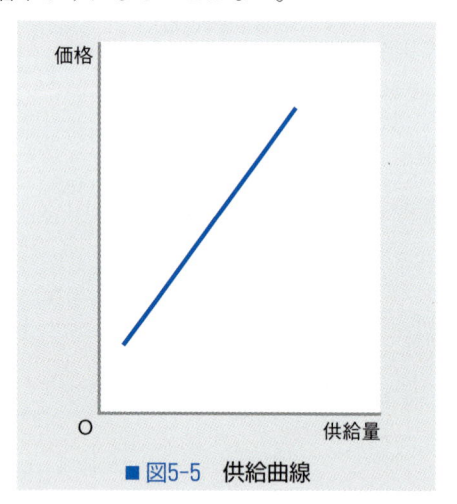

■ 図5-5　供給曲線

例題5.3

短期的に，農家の生産供給はどう考えられるか。
（ア）農家はいつでも生産を増加できるので，弾力的である。
（イ）生産能力以下で操業している自転車の生産企業と同様である。
（ウ）今年の穀物は所与であるから，完全に非弾力的である。
（エ）農家はヘッジできるので，価格の変動には無関心である。
（オ）価格が変動しないので，市場では生産量のみが決定される。

答え：（イ）

　生産をある程度は増加することができるが，短期的には一定と仮定している資本設備，土地などの制約も受ける。したがって，農家の生産は短期的にそれほど弾力的ではない。

　異常気象（干ばつや冷夏，大雪）のときに，生鮮野菜の値段が急騰することがある。これは，異常気象で生産量が落ち込むときに，短期的に生産量を増加させるのが困難であるから生じる。価格変動が生産量の変動よりも大きくなるのは，短期的に生産供給がそれほど弾力的ではないからである。

　しかし，完全に非弾力的でもない。作付け穀物が所与であるとしても，どれだけ生育に手間と費用をかけるかで，収穫できる生産量は異なる。価格の上昇が予想される場合には，生産に手間と費用をかけることが採算に合うので，農家の生産意欲は刺激される。その結果，価格が上昇すると，生産量もある程度は増加する。

　その意味では，生産設備に上限のある自転車メーカーの生産と似ている。短期的にそれほど供給量を拡大することはできないが，どこまで生産を増加するかは，価格しだいである程度操作可能である。

　価格変動による利益の変動を何らかの手段で回避することが，ヘッジすることである。個々の農家がヘッジできるだけの資金をもっているとは考えられない。したがって，価格の変化に農家が無関心であることはない。ただし，政府が農家を保護する政策を採用して，農家の所得を事後的に一

定水準で完全に保証すれば，価格変動に農家が無関心になることもあり得る。

また，市場で決まるのは主として価格水準であり，生産量は価格に応じて決定される。もし，政府が農家保護政策を採用して，買い入れ価格を公定価格で維持する場合には，市場で生産量のみが決まることもある。

コラム

広告宣伝費

わが国では年間100億円単位の広告宣伝費を投入している企業も多くある。なかでも自動車や家電メーカー，ビール業界などは多くの金額を投じている。広告にかかる費用も，最終的には販売価格に上乗せされて，消費者が負担する。広告は非価格競争の典型であり，寡占企業の重要な販売戦略である。派手な広告や知性のない宣伝方法には批判も多く，寡占企業の資源配分の非効率性を示すものと受け止められることもある。しかし，消費者の選好を意識してさまざまな広告が行われることで，消費者の多様なニーズがより敏感に企業に伝達され，消費者の求めているものが市場に出回りやすくなるというメリットもある。旧社会主義国では広告が規制されていたため，消費者の求めるものがなかなか供給されなかった。また，広告には情報の非対称性を意識したシグナルとしての役割もある。広告宣伝費を多く投じる企業であれば，その品質も安心できると消費者は評価できる。

> **例題5.4**
>
> 企業の費用関数が，
> $$C = y^2 + 4y$$
> で表されるとき，この企業の供給関数を求めよ。ここで C は費用，y は生産量である。

限界費用は
$$2y + 4$$
であるから，これが市場価格 p と一致するのが企業の主体的均衡条件である。
$$2y + 4 = p$$
これは企業の供給関数でもある。

すなわち，価格が 4 以上であれば，企業は生産を開始する。価格が 5 になると，生産水準は0.5となり，価格が 6 になると，生産水準は 1 になる。価格が 1 単位上昇すると，生産水準は0.5単位ずつ増加する。

これを図示したのが，供給曲線である。

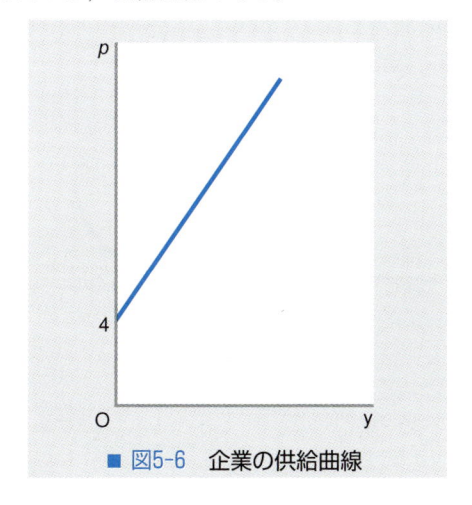

■ 図5-6　企業の供給曲線

問題

◆5.7 完全競争企業の供給曲線が右上がりであることは何を意味するか。
（ア）新しい企業が参入している。
（イ）当該企業の利潤が減少する。
（ウ）限界費用が平均費用よりも小さい。
（エ）限界費用が増加している。
（オ）完全競争市場が不完全競争市場に変化している。

◆5.8 費用関数が
$$c = aY^2 \quad (a>0)$$
で与えられるとき，この企業の供給関数を求めよ。ここで Y は生産量である。

◆5.9 完全競争企業の短期均衡 E を示す下の図を説明するものとして，正しいものはどれか。なお，MC は限界費用，AC は平均費用，AVC は平均可変費用のそれぞれの曲線を示している。
（ア）利潤をあげていない。
（イ）参入の機会がある。
（ウ）利潤をあげている。
（エ）限界収入は限界費用と等しくない。
（オ）総収入は価格と販売量の積になっていない。

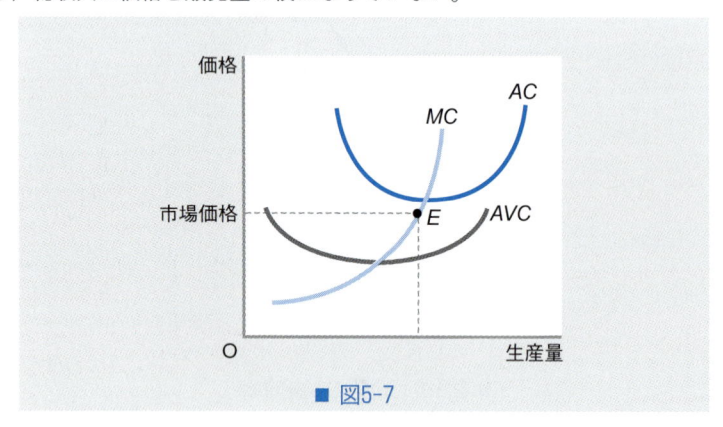

■ 図5-7

（→解答は p.241, 242）

●5.3　市場の供給曲線

［１］複数の企業の供給曲線

　生産水準である横軸の方向にそれぞれの企業の供給量を合計して，新しい曲線を描くと，それが市場のあるいは企業全体の供給曲線になる。

［２］産業の長期均衡

例題5.5　正常利潤を上回る超過利潤があれば，他の産業から企業が参入する。逆に，正常利潤を確保できなければ，正常利潤が確保できるような他の産業に企業は移っていく。最終的には

　　　　価格＝長期平均費用

が成立する。

例題5.6　すべての企業で長期平均費用が最小となる最適規模が実現する。

コラム

独占禁止法

　独占禁止法は，私的独占・不当な取引制限・不公正な取引方法などを柱としている。私的独占とは，他の事業者の排除・支配であり，不当な取引制度とは協定・契約により，他の事業者と共同して価格を引き上げたり，取引先の技術，設備，数量などを制限し，事業活動を拘束することをいう。不公正な取引方法とは，異常な価格操作などで他の事業者に圧力を加える場合などである。こうした違反行為があると，課徴金や企業分割，株式保有制限などが課せられる。しかし，規模の経済が大きい成長産業では，自由競争の結果，独占的な地位を占める企業もある。情報化・国際化が進展すると，最初に成功した企業が独占的な地位を手に入れることも多い。アメリカでは，マイクロソフト社の分割をめぐって法的紛争が行われた。こうした成長企業を分割すると，むしろ消費者の利益を損なうという批判もある。

例題5.5

完全競争市場で生産物の市場価格は10であり，100単位生産している。限界費用と平均費用はそれぞれ8とする。このとき，長期均衡として成立可能な状態は，次のうちどれか。

(ア) 他の企業が新規参入して，市場価格は10以上に上昇し，この企業の生産量も100以上に増加する。

(イ) 他の企業が退出して，市場価格は10以上に上昇し，この企業の生産量は100で安定化する。

(ウ) 他の企業が新規参入して，市場価格は8に下落し，この企業の生産量は100で安定化する。

(エ) 他の企業が退出して，市場価格は8以下に下落し，この企業の生産量は100で安定化する。

(オ) 他の企業が新規参入して，市場価格は8以下に下落し，この企業の生産量も100以下に減少する。

答え：(ウ)

　平均費用よりも価格が高いので，利潤がプラスである。長期的にはこの利潤を求めて，新しい企業が参入する。価格が8に下落すれば，平均費用と価格は一致する。この場合，生産量は100で一定となる。生産量が変化するときに，平均費用，限界費用がどう動くかはわからない。現状以外の点が長期均衡かどうかは，確定しないが，少なくとも，(ウ)の状態は長期均衡といえる。

　短期均衡で利潤がプラスであるから，他の企業が退出することはない。また，他の企業が参入してくるので，市場価格が8から10に上昇することもない。さらに，市場価格が8以下に下落すれば，この企業は損失を被る。なぜなら，市場価格が8のときに限界費用と平均費用が一致しており，そこで平均費用がもっとも小さくなっていたからである。したがって，市場価格が8以下では長期均衡にならない。

例題5.6

長期均衡では価格は平均費用の最小値に一致する。この命題を説明したものとして，正しいものはどれか。

(ア) もし企業が利潤を最大にするならば，短期はともかく長期的にはこのルールにしたがわなければならない。
(イ) もし企業が利潤を最大にするなら，短期的にこのルールにしたがわなければならない。
(ウ) これは利潤極大をしている企業が考慮すべきルールではないが，市場の圧力によって短期的にも長期的にもすべての企業がこの状況にある。
(エ) 利潤極大企業であれば，長期であれ短期であれ，必ず考慮しなければならない。
(オ) これは長期的にも短期的にも利潤極大企業が考慮すべきものではないし，市場の圧力で実現するものでもない。

答え：(ア)

これは，短期では成立しない。また，参入退出という市場の圧力で成立する。

短期的には，価格は平均費用よりも高くなる。価格と限界費用が一致する点が，個々の企業の主体的均衡点であるから，限界費用が平均費用よりも高ければ，企業は正の利潤を稼ぐことができる。

しかし，その産業で個々の企業が正の利潤をあげていれば，他の産業から企業が参入してくる。その結果，価格が低下して，最終的には平均費用と等しくなる。価格と平均費用が等しくなれば，正の利潤をあげることはできないから，それ以上新しく企業が参入することはない。したがって，長期均衡の条件は，他の産業から企業が参入するという市場の圧力を前提としている。

また，この産業で価格よりも平均費用が高くなって，負の利潤（損失）が生じている場合には，この産業から企業が退出することで，生産量が減少し，価格が上昇して，最終的に価格と平均費用とが一致する。

■ 問 題 ■

◆5.10 長期総費用曲線は，どのように求められるか。
 (ア) 所得消費曲線から
 (イ) 価格消費曲線から
 (ウ) 等費用曲線と等生産量曲線の接点から
 (エ) エンゲル曲線から
 (オ) 生産可能曲線から

◆5.11 完全競争市場での長期均衡を説明するものとして正しいのはどれか。
 (ア) すべての企業の限界費用は等しい。
 (イ) すべての企業が同じ供給曲線をもっている。
 (ウ) すべての企業が限界費用がちょうど総可変費用をカバーする点で生産している。
 (エ) 生産規模が同じである。
 (オ) すべての企業の固定費用が等しい。

◆5.12 長期的に供給曲線が下方にシフトしている産業では，何が起きているか。
 (ア) 平均費用が一定である。
 (イ) 平均費用が低下している。
 (ウ) 平均費用が上昇している。
 (エ) 平均費用が決まらない。
 (オ) 平均費用が収穫逓減を表している。

◆5.13 すべての企業の費用関数が
$$C = X^2 + 9$$
で示される。また，産業全体の需要曲線が
$$X = 90 - p$$
で示される。ここで，C は費用，X は生産量，p は価格である。このとき，長期均衡における企業の数はいくらか。

(→解答は p.242)

6 市場と均衡

本章は，第1章の議論をより本格的に再検討している。第2章から第5章までの消費行動と企業行動を前提として，完全競争市場での均衡を解説する。また，市場取引の利益を明示するとともに，政策介入のコストを説明する。第1章をもう一度読み直すことで，本章の理解はより深まるだろう。

KEY CONCEPTS

● 6.1 完全競争

［1］プライス・テイカー

価格を所与とする経済主体が，価格与件者（＝プライス・テイカー）である。完全競争市場では，すべての経済主体がプライス・テイカーとして行動する。

［2］完全競争

完全競争市場は，市場メカニズムを分析する際の基本的な市場概念である。

［3］企業と家計の数

完全競争市場では家計や企業の数がかなり多い（いわば無数に存在する）。

［4］需要と供給

図6-1は縦軸にこの財の価格 p，横軸にこの財の生産量および需要量 y を表している。需要曲線 y_D は右下がりであり，供給曲線 y_S は右上がりである。2つの曲線の交点 E が市場均衡点である。
E 点では消費者はそこで成立する市場価格 p_E のもとで，もっと

も望ましい需要量 y_E を購入しており，また，企業も p_E のもとでもっとも望ましい生産量 y_E を生産している。

市場ですべての人びとの主体的均衡が満足されている。こうした状態が，市場均衡である。

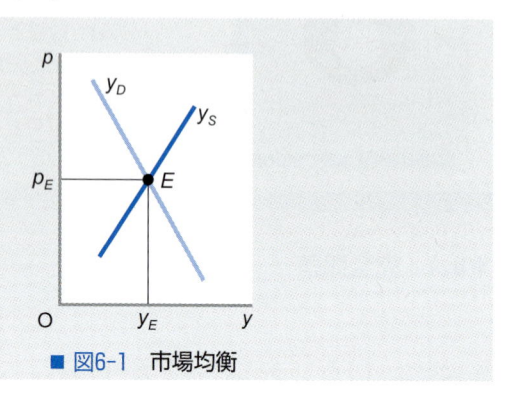

例題6.1

■ 図6-1　市場均衡

［5］均衡の存在

家計の需要曲線が右下がり，企業の供給曲線が右上がりであるとしても，必ず両曲線が交わり，市場均衡点 E が存在するとはかぎらない。

［6］競り人

価格は，需要と供給が一致するように市場で調整される。市場で価格の調整を行う競り人（オークショナー）の存在を想定する。

──→競り人が提示価格を変化させて，総需要量，総供給量が一致するまで競りを続行する。

超過需要に応じて価格を上昇させ，超過供給に応じて価格を下落させる調整メカニズムを採用すれば，結果として，均衡価格をみつけることができる。

[7] 均衡の安定性

調整メカニズムの結果として均衡価格が実現することを，「均衡が安定である」という。

[8] ワルラス的調整過程

超過需要のときに価格が上昇し，超過供給のときに価格が低下する調整メカニズム。

例題6.2

ワルラス的な調整過程が安定的となるのは，絶対値をつけない傾きでみて

$$\frac{1}{\text{供給曲線の傾き}} > \frac{1}{\text{需要曲線の傾き}}$$

が成立しているときである。

[9] マーシャル的調整過程

p_d を需要者価格，p_s を供給者価格と呼ぶと，需要者価格が供給者価格を上回れば，生産が拡大し，逆に供給者価格が需要者価格を上回れば，生産が縮小するという調整過程。

マーシャル的な調整過程の安定条件は，絶対値をつけない傾きの比較で，次のように与えられる。

　　供給曲線の傾き＞需要曲線の傾き

[10] クモの巣の理論

ワルラス的でもマーシャル的でもない調整過程として有名なモデルが，クモの巣の理論である。これは，生産量の調整に1期の遅れを導入している。

この調整過程での安定条件は，次のように与えられる。

　　供給曲線の傾きの絶対値＞需要曲線の傾きの絶対値

6.1　完全競争

例題6.1

　労働のみを生産要素として投入している競争企業から成る産業を想定する。平均労働費用より販売価格は高いとしよう。需要曲線が下方にシフトしたとき，以下のうちで，正しいのはどれか。
（ア）価格は上昇し，生産量は減少する。
（イ）価格も生産量も上昇する。
（ウ）価格も生産量も低下する。
（エ）価格は低下し，生産量は増加する。
（オ）価格も生産量も変化しない。

答え：（ウ）

　需要曲線が下方にシフトしたから，均衡点は左下方に移動する。つまり，価格は低下し，生産量は減少する。

　しかし，それでも平均費用 AC よりも価格が高いので，企業がプラスの利潤を得ている。供給曲線は限界費用曲線 MC に対応している。

　長期的にはプラスの利潤があるかぎり，新規企業の参入が起きる。その結果，生産量は長期的には増加する。

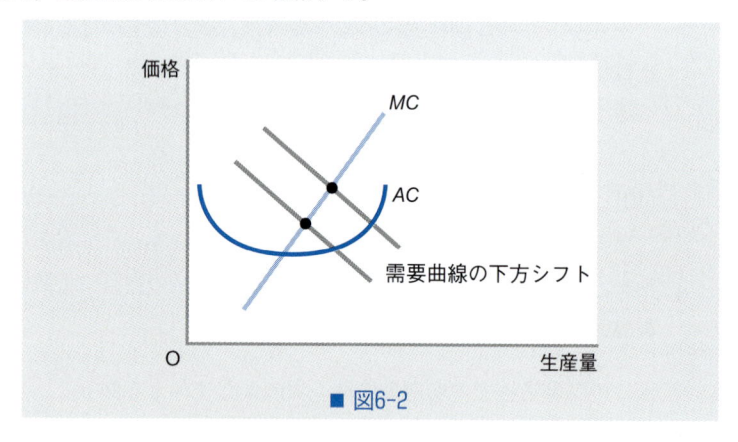

■ 図6-2

例題6.2

安定的な市場均衡では，以下のどれが正しいか。
(ア) 需要と供給が一致している。
(イ) 一時的なショックのあとで元に戻ろうとする。
(ウ) 総収入が最大になっている。
(エ) 需要と供給の弾力性がともに1である。
(オ) 政府が介入する必要はない。

答え：(イ)

(オ) はその市場均衡が資源配分上最適であることを意味するが，安定的な市場均衡が必ずそうした条件を満たすとはいえない。

市場が安定的であれば，一時的に何らかのショックがあって，均衡価格から市場価格が乖離したとしても，やがて元の均衡価格に戻ることになる。

(ア) は均衡の条件であるが，市場が安定であるかどうかとは無関係である。たとえば，以下のような需要曲線と供給曲線の形状の場合，ワルラス的な調整過程を前提とすると，均衡価格よりも市場価格が高くなると，超過需要が生じるから，ますます価格は上昇し，逆に，均衡価格よりも市場価格が低くなると，超過供給が生じて，ますます価格は下落する。市場均衡点は不安定となる。

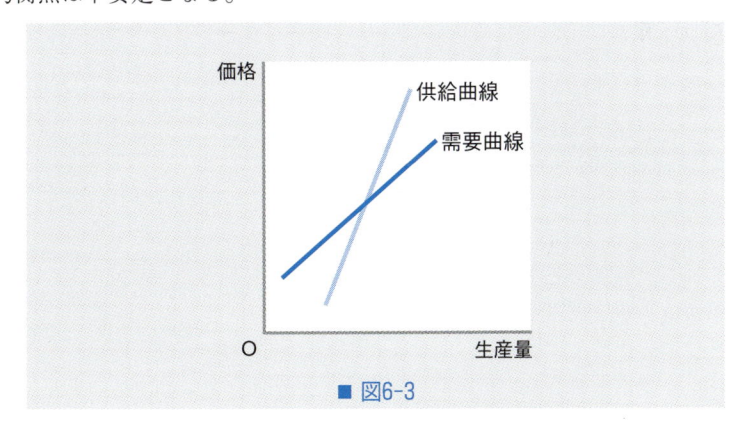

■ 図6-3

問 題

◆ 6.1 ある財の需要曲線が
$$D = 60 - 4P$$
であり，供給曲線が
$$S = 40 + 6P$$
であるとき，この財の均衡価格水準と均衡生産水準はいくらか。

◆ 6.2 以下のうちで完全競争の基本的な仮定にあてはまらないものはどれか。
（ア）参入と退出の自由
（イ）多くの小さな買い手と売り手
（ウ）完全情報
（エ）同質的な財
（オ）短期

◆ 6.3 以下の文章のうちで正しいものはどれか。
（ア）ワルラス的調整過程では，超過供給のとき価格が上昇する。
（イ）需要曲線が右下がりであれば，ワルラス的調整過程は必ず安定である。
（ウ）マーシャル的調整過程では，超過需要のときに価格が上昇する。
（エ）マーシャル的調整過程では，生産量の調整に1期の遅れを導入している。
（オ）需要曲線が右下がり，供給曲線が右上がりであれば，ワルラス的調整過程でもマーシャル的調整過程でも，均衡は安定である。

（→解答は p.242, 243）

●6.2 市場取引の利益

［1］市場で取引することの利益
市場で取引することで，家計と企業はお互いに利益をあげている。

［2］利潤の図による大きさ
利潤の大きさは，価格と限界費用曲線との間の面積で表される。

［3］消費者余剰の大きさ
それぞれの財の消費水準のもとで，需要曲線までの高さが，その消費量での家計の限界評価を示している。購入に必要な所得との差額は，家計がこの財を購入することで得られるネットの利益を示す。

例題6.3　これを，消費者余剰と呼ぶ。

　→消費者余剰は需要曲線と均衡価格を通る水平線との間の面積 A であり，生産者余剰は供給曲線と均衡価格を通る水平線との間の面積 B である。

［4］社会的厚生の大きさ
消費者余剰と生産者余剰の合計が，社会的余剰である。

これは，需要曲線と供給曲線との間の面積 $A+B$ である。

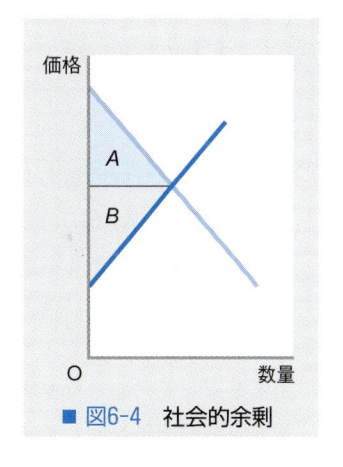

■ 図6-4　社会的余剰

［5］見えざる手
個人レベルでの意思決定では，自らの効用や自らの利潤の最大化のみを考慮して，私的な利益を追求していても，それが価格というシグナルを通じて，結果として社会的にも望ましい資源配分が達成する。

例題6.3

消費者余剰について，正しいものはどれか。

（ア）消費者の購入からの利得が生産者の供給からの利得よりも大きい。

（イ）消費者の購入が利得になっている。なぜなら，実際に購入した金額以上の金額でも消費者は購入したかったから。

（ウ）最初の1単位の購入における限界効用が購入総額の総効用よりも大きい。

（エ）所得が増加したり，価格が下落すれば，総効用が増加する。

（オ）需要が非弾力的であれば，消費者はより少ない金額で多くの量を購入することができる。

答え：（イ）

　消費者余剰は，消費することから得られる効用の増加分と消費に必要な支払いに伴う効用の減少分を同時に考慮して，前者の方が後者を上回る部分を意味する。つまり，消費者がその財を購入することで得られるネットの利得である。

　消費者がある財の購入を行う場合には，必ずそれによって消費者余剰がプラスになっている。消費者は強制的に購入させられているのではない。したがって，購入する以前と比較して，自分の利得（消費者余剰）が増加するから，購入する。購入以前は何ら消費していないので，消費者余剰もゼロである。購入することで，消費者余剰はプラスになる。

　また，すでにある量を購入している消費者が，何らかの変化（所得の増加や価格の下落など）で，消費量を変化させる場合も，それによって消費者余剰が増加するから，そうした行動をとる。

　このように，消費者余剰が増加することは，消費者の総効用が増加することと同じである。しかし，（エ）が想定しているのと異なり，所得が増加したり，価格が下落した結果，総効用が増加したのではない。今までと同じ所得と価格のもとで，ある財の購入量が増加した結果，総効用が増加することを意味している。

問題

◆6.4 次の文章のなかで正しいものはどれか。
（ア）価格が高い財を購入する消費者は，必ずしもその財の購入で利益を得ていない。
（イ）価格が低い財を供給する企業は，必ずしもその財の販売で利益を得ていない。
（ウ）価格の高低にかかわらず，家計は消費によって必ず利益を得る。
（エ）完全競争市場では，消費者余剰の方が生産者余剰よりも大きい。
（オ）不完全競争市場では，消費者余剰よりも生産者余剰の方が大きい。

◆6.5 以下の文章の（ ）に適当な用語を入れよ。
見えざる手という概念は，それぞれの経済主体が（ ）のみを追求して経済活動をしても，（ ）がシグナルとして機能することで，結果として望ましい（ ）が実現することを意味する。

◆6.6 ある市場の需要曲線が
$X = 4 - 2p$　　　X 生産量　p 価格
供給曲線が
$X = 4p - 2$
で与えられるとき生産者余剰と消費者余剰はそれぞれいくらか。

（→解答は p.243）

●6.3 政策介入のコスト

［1］関税政策

関税とは，外国からの輸入財に税金を課することである。

関税によって国内価格が上昇すると，消費者余剰が減少する。政府は関税税収をあげている。

関税収入を家計に補助金として還付しても，家計の消費者余剰の減少を完全には相殺できず，家計の実質的所得は減少する。

例題6.4 ──→この大きさを関税政策の超過負担（厚生損失）と呼ぶ。

［2］輸入制限政策

輸入業者は輸入制限による価格の上昇で利益を得るが，これは消費者余剰の減少分ほど大きくはない。

その差額が社会的余剰（＝消費者余剰と生産者余剰の合計）の減少分であり，輸入制限政策の超過負担である。

［3］間接税

政府の税収は間接税政策のメリットであり，消費者余剰と生産者余剰の減少分は間接税政策のデメリットである。

社会的余剰の減少分が，間接税の超過負担である。

政府が後で間接税収を家計と企業に還元しても，この超過負担の大きさを相殺することはできない。

［4］価格維持政策
価格を均衡価格よりも高い（あるいは低い）水準に維持する政策。

社会的総余剰は必ず減少する。これが，価格維持政策の超過負担である。

例題6.4

ある財の国内需要曲線（*DD*），国内供給曲線（*SS*），外国からの供給曲線（*F*）が図のように示されている。関税 t が課せられ，外国からの供給曲線が $F+t$ にシフトしたとき，この国の経済厚生はどのように変化するか。

輸入財に1単位 t 円の関税が課せられると外国からの供給曲線は t 円だけ上方にシフトする。消費者余剰は b, c, d, e の領域分の面積だけ減少する。生産者余剰は b の面積だけ増加する。関税による政府の税収は輸入量と関税率の積に等しいから，d の面積に相当する。

したがって，経済厚生の変化は

$$b+d-(b+c+d+e)=-(c+e)$$

すなわち，$c+e$ の面積分だけ社会全体の余剰は減少する。これが関税による超過負担である。

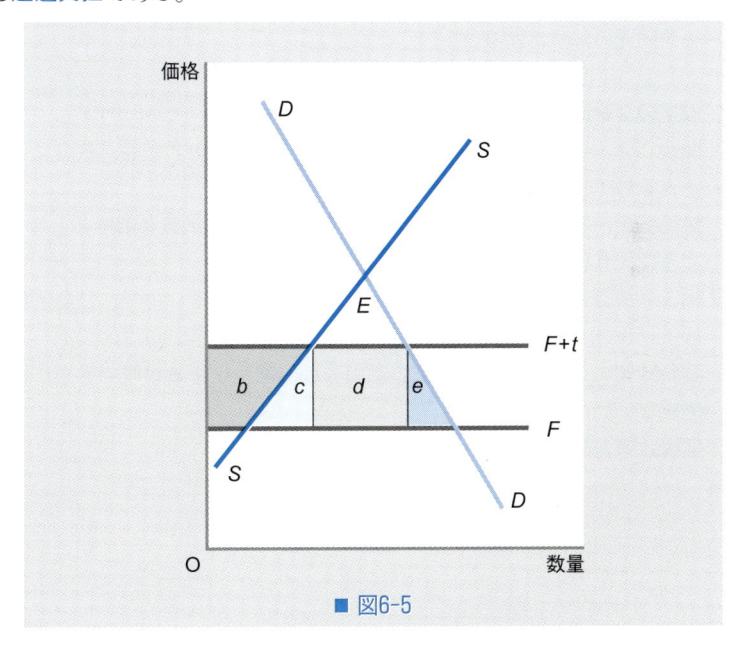

■ 図6-5

問題

◆6.7 右下がりの需要曲線を想定する。企業の固定費用のみを増加させるような課税が行われたとき，完全競争市場での価格と生産はどうなるか。
（ア）価格も生産も増加する。
（イ）価格は上昇し，生産は減少する。
（ウ）価格は下落し，生産は増加する。
（エ）価格も生産も減少する。
（オ）現状のままである。

◆6.8 政府は労働者の最低賃金を政策的に設定している。この最低賃金を政府が上昇させると，何が起きるか。
（ア）労働雇用は増加する。
（イ）労働不足になる。
（ウ）労働から資本への代替が生じる。
（エ）労働の限界生産が低下する。
（オ）失業問題の解決になる。

◆6.9 以下の文章のうちで正しいものはどれか。
（ア）関税によって国内価格が上昇して消費者余剰が減少しても，政府には収入が入るので，必ずしも社会的総余剰は減少しない。
（イ）関税をかけても，その収入を補助金として用いて，消費者価格を上昇しないようにすれば，社会的総余剰は減少しない。
（ウ）輸入制限政策は関税政策と比べて，政府の収入がないので，社会的総余剰はより大きく減少する。
（エ）関税政策による社会的総余剰の減少分は，関税による税収で完全には相殺できない。
（オ）関税政策の超過負担は，関税収入よりも大きい。

（→解答は p.243）

●6.4 資源配分の効率性

［1］ パレート最適

パレート最適は，ある人の経済状態を悪化させることなしには，別の人の経済厚生を改善することができない状態を意味する。資源が効率的に配分される条件である。

例題6.5

［2］ 2人の交換モデル

生産活動を捨象した交換経済を想定する。個人A，Bがそれぞれ，財 x, y を消費している。

原点 O_A から個人Aの消費水準をそれぞれ両軸に表し，同様に，原点 O_B から個人Bの消費水準を表す。横軸の大きさはこの経済全体での x 財の消費可能量 x^* であり，縦軸の大きさは経済全体での y 財の消費可能量 y^* である。

個人A，Bの無差別曲線の接線の軌跡 PP が契約曲線であり，これはパレート最適な配分状態を示す。

［3］ 効率的な配分の条件：2財の限界代替率が消費者間で一致する。

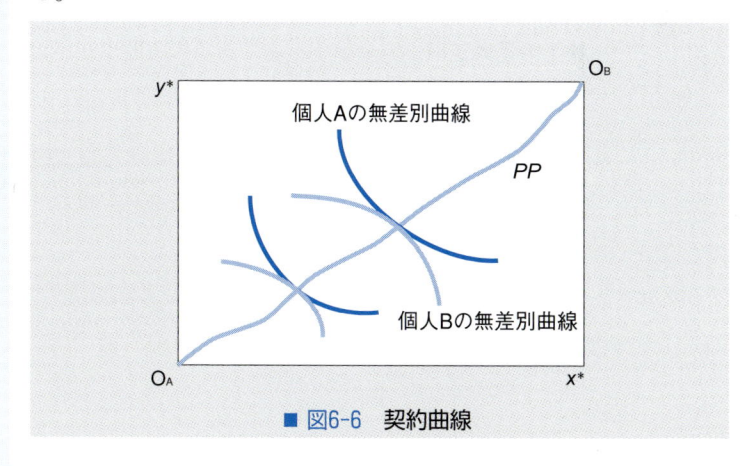

■ 図6-6　契約曲線

次に2つの企業A, Bの間で2つの生産要素（労働と資本）をもっとも効率的に配分する問題を考える。

等生産量曲線の接点の軌跡がもっとも効率的な生産要素の配分の組合せを示す。

▶ **効率的な配分の条件**：技術的な限界代替率が企業間で一致する。

[4] 効用フロンティア

パレート最適の条件を満たす各個人の効用の組合せの軌跡が, 効用フロンティアである。

効用フロンティアは必ず右下がりである。しかし, その傾きの形状については何ともいえない。

[5] 厚生経済学の基本定理

競争均衡では, p^* という x 財の y 財で測った相対価格のもとで, 効用最大化行動に基づき消費者は次式が成立するように x 財の消費量を調整している。

$$各人の限界代替率 = p^*$$

パレート最適の必要条件（＝各人の限界代替率の均等）が競争均衡において満たされる。

例題6.6

▶ **第1の基本定理**：完全競争市場で市場の失敗がないとき, 資源配分はパレート最適となる。

▶ **第2の基本定理**：パレート最適であるどのような資源配分であっても, それは完全競争と適切な生産要素の所有の組合せで実現することができる。

例題6.5

パレート最適に関する記述として正しいものはどれか。
(ア) 独占企業が生産している場合でも，企業の主体的均衡条件では価格と限界費用が等しい。
(イ) 他の誰かに損失を与えることなしに誰かの利得を増やすことができない。
(ウ) ある人が大きな利得を得たので，その利益の一部を用いて損失を被る人を補償しても良いと考える。
(エ) 経済政策の評価において，人々がメリットとデメリットを考える。
(オ) 完全雇用経済にある。

答え：(イ)

パレート最適の定義は，(イ) にあるように，「他の誰かに損失を与えることなしに誰かの利得を増やすことができない。」ということである。逆にいえば，この条件が成立していなければ，「他の誰かに損失を与えることなしに誰かの利得を増やすことができる。」ことになる。そうであれば，こうした変化はすべての人にとって望ましい。こうした社会的に望ましい変化が実現できるにもかかわらず，それを実現していない初期状態は，資源配分が効率的になされていないことになる。パレート最適であれば，こうした状況は排除される。

(ア) は独占企業の主体的均衡としては成立しない (第8章を参照のこと)。(ウ) は実際には大きな利益を得た人と損失を被った人が生じており，パレート最適の定義にあてはまらない。(エ) は単にメリットとデメリットが生じることを意味しているだけである。(オ) は労働市場では資源が効率的に配分されているが，資本市場や財・サービス市場での資源配分が効率的かどうか不明である。

> **例題6.6**
> 　完全競争の一般均衡では以下のどれがもっともらしいか。
> （ア）家計にとって，個々の財の限界効用がそれぞれの財の価格に等しい。
> （イ）家計にとって，すべての財の限界効用がそれぞれの限界費用に比例的になっている。
> （ウ）それぞれの生産要素の物理的な限界生産がそれぞれの要素価格に等しい。
> （エ）それぞれの生産要素の限界収入がその財が生み出す最終財の販売価格に等しい。
> （オ）それぞれの財の購入額と価格の比率が限界効用に等しい。

答え：（イ）

　完全競争市場での一般均衡では，家計と企業のそれぞれにとって，主体的均衡が成立している。この問題は家計の主体的均衡がどのような意味で成立しているかを議論している。

　第2章で説明したように，家計にとっては，すべての財の限界効用と価格（＝限界費用）の比率が一致することが，主体的均衡条件である。したがって，限界効用は限界費用に比例的になる。価格と限界費用が一致することに注意したい。

　なお，（ア）は限界効用と価格の比が1になることを意味するが，それは必ずしも成立しない。言い換えると，限界効用と価格の比が1でなくても，家計の主体的均衡条件は成立する。（ウ）（エ）は，正しくは，生産要素の限界生産物の価値と要素価格の均等を意味する。（オ）は購入量と限界効用との一致を意味するが，これは成立しない。

■ 問 題 ■

◆ 6.10　資源配分の効率性について，以下の文章のうちで正しいものはどれか。
（ア）技術的な効率性が最大限実現している。
（イ）ある消費者の限界効用と限界費用が等しい。
（ウ）より多くの消費者に利用可能になるように価格が低下する。
（エ）すべての消費者の限界評価が限界費用に等しい。
（オ）上のすべて。

◆ 6.11　パレート効率性の概念にあてはまらないものはどれか。
（ア）消費の効率性
（イ）生産の効率性
（ウ）配分の効率性
（エ）公正さ
（オ）経済資源の配分メカニズムの評価

◆ 6.12　どのような市場構造で資源配分の効率性は実現するか。
（ア）完全競争
（イ）独占的競争
（ウ）寡占
（エ）独占
（オ）すべての市場

（→解答は p.243）

7 要素価格と所得分配

本章では，生産要素への支払いを取り上げる。労働や資本という代表的な生産要素とともに，固定的な生産要素である土地への支払いも考える。また，市場で決まる所得分配を政策的に変更する再分配政策も議論する。その際には，公平性に関する価値判断が重要であることを示す。

KEY CONCEPTS

●7.1 要素価格の決定

[1] 派生需要

生産要素に対する需要は，生産される財の価格 p とそれに要する限界費用 MC とが一致する点で与えられる。

$$MC = P$$

労働需要は次式で与えられる。

$$p = \frac{w}{F_N}$$

あるいは

$$pF_N = w$$

例題7.1　この式の pF_N を，労働の限界生産価値という。

w は労働を追加的に雇用するコストであり，pF_N は労働を追加的に雇用することから得られる販売収入の限界的な増加分である。

　⟶ 主体的な均衡点では両者が等しくなっている。

生産要素に対する需要は生産物価格の増加関数となる。財市場でのその生産物需要から派生的に，その財を生産するための生産要素に対する需要が生まれる。

　⟶ 生産要素に対する需要は「派生需要」と呼ばれる。

7.1 要素価格の決定　　127

[2] 要素需要曲線

$$需要の価格弾力性 = \frac{需要の減少率（\%）}{要素価格の上昇率（\%）}$$

家計の労働供給については，第3章で分析したとおりである。

[3] 労働市場の均衡

図7-1に示すように，標準的なケースでは，家計の労働供給曲線 N_S は右上がりである。また，企業の労働需要曲線 N_D は右下がりである。2つの曲線の交点 E が労働市場での均衡点であり，そこでの価格（＝賃金率）w_E が均衡賃金率，それに対応する労働雇用量 N_E が均衡労働水準である。

例題7.2

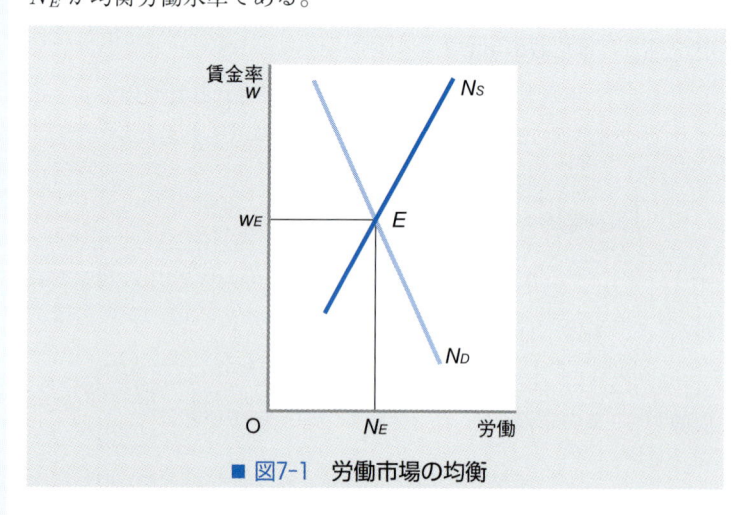

■ 図7-1　労働市場の均衡

[4] 資本のレンタル価格

資本（K）のレンタル価格である利子率（r）は，レンタル市場での需給を均衡させるように決定される。

$$r = pF_K$$

r は資本を生産に投入する際の限界コストであり，資本の限界生産価値は pF_K で与えられる。

例題7.1

労働の限界生産価値が

$$30 - 0.25H$$

であり，レジャーの限界機会費用が

$$-20 + 0.75H$$

とする。ここで H は労働投入量である。もし賃金が20であれば，以下のどれが正しいか。

(ア) 20の賃金では40単位の労働が雇用されて，労働の超過需要は13.3になる。

(イ) 20の賃金では40単位の労働が雇用されて，労働の超過供給は13.3になる。

(ウ) 20の賃金では53.3単位の労働が雇用されて，労働の超過需要は13.3になる。

(エ) 20の賃金では53.3単位の労働が雇用されて，労働の超過供給は13.3になる。

(オ) 20と17.5の間のいかなる賃金でも50単位の労働が雇用されて，労働の需要と供給は一致する。

答え：(イ)

労働需要は，賃金と労働の限界生産価値が一致する点で与えられる。賃金が20であるから，このときの労働需要量は

$$20 = 30 - 0.25H$$

より

$$H = 40$$

となる。つまり，労働需要は40である。これに対して，労働供給は，賃金と余暇（レジャー）の限界機会費用が一致する点で与えられる。

$$20 = -20 + 0.75H$$

より

$$H = 53.3$$

となる。したがって，40だけ雇用されて，あとの13.3が労働の超過供給と

なる。

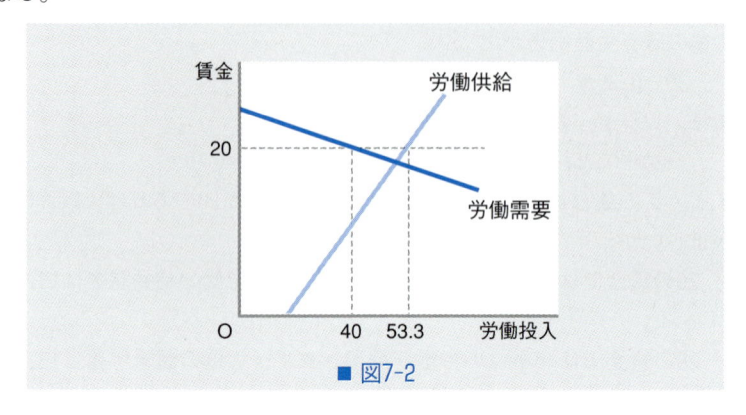

■ 図7-2

コラム

価格破壊

　最近は物価の下落が進行している。衣料品，外食産業や格安航空券など，10年前より安くなったものは多い。円高による海外製品との競争激化や規制緩和，また，消費者の意識変化もその要因である。価格が高い方が安心できる，あるいは，価格が高い方が品質もいいという考え方から，同じ品質のものであれば，メーカーにこだわらないで，安いものを買いたいという意識に変わってきた。その背景には，多くの製品の品質が十分に納得できるものになって，当たりはずれがなくなってきたことがある。知らないメーカーや生産者，あるいは，外国製品であっても，最近は品質管理が適切に行われるようになった。したがって，消費者は価格だけを気にするようになる。その結果，価格競争が激化した。また，不況の長期化というマクロ的な背景も無視できない。

例題7.2

労働組合が賃金を上昇させるとともに雇用も維持したいと考えている場合，以下のどの状況がもっとも有利か。
（ア）弾力的な労働需要
（イ）弾力的な労働供給
（ウ）最終財に対する非弾力的な需要
（エ）完全に競争的な労働市場
（オ）完全に競争的な財市場

答え：（ウ）

最終財が必需品であり，価格が上昇してもあまり需要量が減少しないのであれば，労働組合が賃金を上昇させて，財の供給曲線が左上方にシフトしても，あまり生産量は減少しない。その結果，労働需要も減少せず，雇用量は大きく減少しなくてすむ。

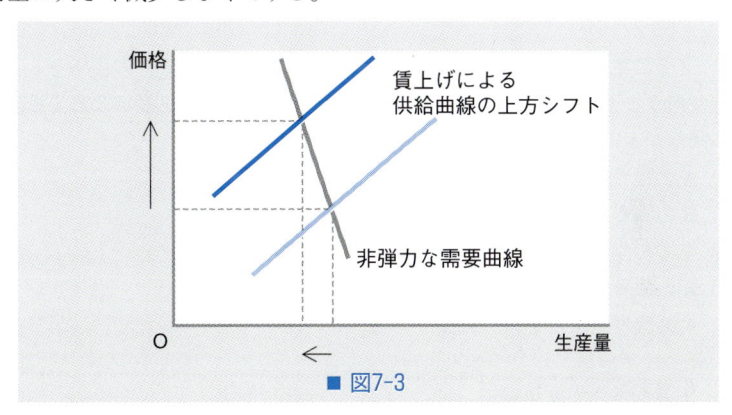

■ 図7-3

問題

◆7.1 生産要素市場での均衡条件を表すものはどれか。

ただし，AR＝平均収入　MR＝限界収入　AC＝平均労働費用　MC＝限界労働費用　TR＝総収入　TC＝総労働費用

(ア) $AR = AC$
(イ) $TC = TR$
(ウ) $MR = MC$
(エ) $TC = MC$
(オ) $MR = AC$

◆7.2 ある生産要素Aの限界生産が8であり，生産要素Bの限界生産が16であり，Aの価格が4，Bの価格が8であるとする。要素価格を所与とみなす企業にとって，利潤極大点での限界収入はいくらか。

(ア) 2　　　　　(イ) 0.5
(ウ) 1　　　　　(エ) 不確定
(オ) ゼロ

◆7.3 2つの生産要素A，Bを雇用する企業にとって，均衡でAの価格が6でその限界生産が2とする。また，均衡でのBの価格が24で限界生産は8とする。もしAの価格が5に下落したとすると，

(ア) Aの限界生産は2以上に増加する。
(イ) Bの限界生産は6以下に減少する。
(ウ) 2つの生産要素の投入割合がより均等化する。
(エ) Aの限界生産は変化しない。
(オ) Aの限界生産が2以下に低下する。

◆7.4 生産要素への支払いは

(ア) 雇用されるそれぞれの投入要素の限界生産価値の平均に等しい。
(イ) 雇用される生産要素の最終投入単位の限界生産に等しい。
(ウ) 雇用される生産要素の平均生産に等しい。
(エ) 雇用される生産要素1単位あたりの平均レントに等しい。
(オ) 雇用される生産要素の最終投入単位の限界生産価値に等しい。

(→解答は p.243, 244)

●7.2 レントと固定的な生産要素

［1］レント

土地も生産要素である以上，土地の需要は労働や資本の需要と同じ考え方で分析できる。

土地市場の均衡点は，土地の需要曲線と供給曲線が交わった点 E である。土地1単位を一定期間借り入れるレント a は，E 点に対応する大きさ a_E で与えられる。

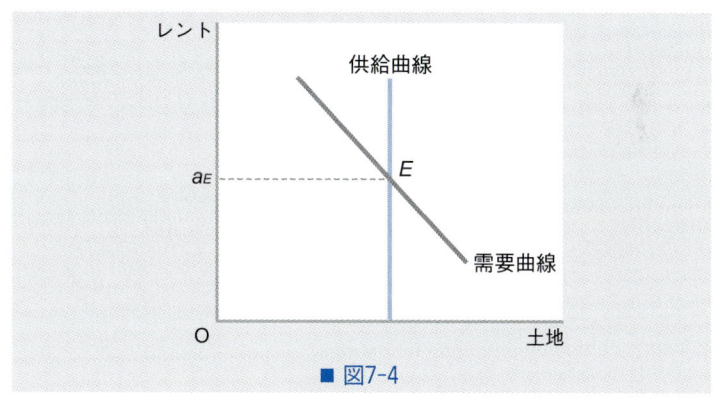

例題7.3

■ 図7-4

例題7.4

生産物の価格の上昇による販売収入の増加は，地代収入の増加となって，土地の保有者に帰属する。

土地でなくても，固定的な生産要素であれば，レントが生じる。販売価格の上昇による利益はその生産要素の保有者が独り占めする。

人為的な理由でレントが発生することもある。法律や規制で供給が制限されている職業がその代表例である。

［2］準レント

短期的にはレントであっても，参入が行われる結果，長期的にはレントが消滅する場合もある。こうした短期的なレントが準レントである。

［3］地価決定のメカニズム

土地を今期新しく取得するコストは，地価であり，その土地を取得するメリットは，土地の保有から得られる地代の収入である。株保有の場合の配当に相当するものが，土地保有の場合の地代収入である。

──→地価は現在から将来までの地代の割引現在価値で決められる。

▶ **数式による定式化**

手元の資金を運用するに際して，所与の大きさの土地を購入するか，安全資産で運用するかの裁定を考える。t 期の土地の価格＝地価を p_t，t 期の地代収入を d_t，国債など安全資産の収益率を r とする。

資金運用の裁定式として，次式が成立する。

$$p_t(1+r) = d_t + p_{t+1}$$

地価の理論値は地代の割引現在価値として，次式で与えられる。

$$p_t = \sum_{j=1}^{\infty} \frac{d_{t+j-1}}{(1+r)^j}$$

［4］バブルとは何か

バブルは，経済合理的な要因で説明できない資産価格の変動を意味する。

地価が大きく変動しても，それに経済的な裏付けがあれば，そのような価格変動はバブルではない。

［5］課税と地価

地代に対する課税はネットの地代収入を小さくするから，それの割引現在価値である地価を下げる。

例題7.3

生産要素への収益がレントであるとみなされるとき，この生産要素の供給曲線は
（ア）完全に非弾力的である。
（イ）完全に弾力的である。
（ウ）存在しない。
（エ）かなり非弾力的である。
（オ）需要要因の弾力性との関係で決まる。

答え：（ア）

図7-5のような垂直な供給曲線をもつ生産要素の場合，レントは生産要素の収入で定義される。図の長方形の面積である。

レントである以上は，供給に制約があって，価格が上昇しても供給量は増加しない。需要曲線が上方にシフトすれば，この生産要素への支払い（要素価格）も上昇する。その分だけレントも増加する。

また，レントに税金をかけると，課税額はすべてこの固定的な生産要素を供給する主体によって負担される。

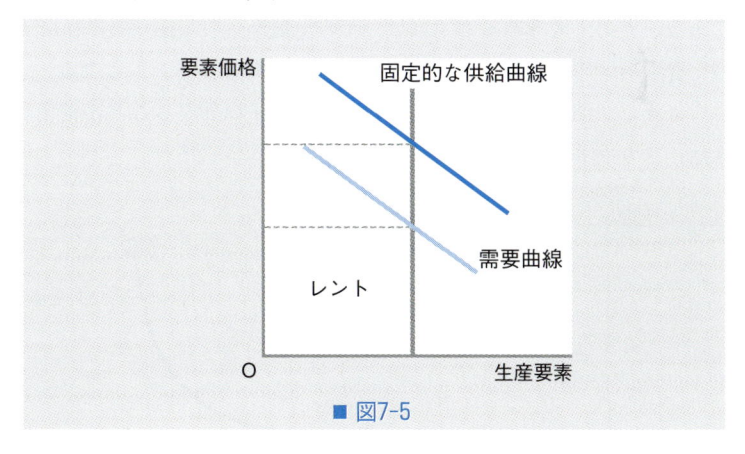

■ 図7-5

7.2 レントと固定的な生産要素

例題7.4

2つの土地A，Bのうちで，Aの方が生産性が高いとする。資源の効率的な配分には以下のどの条件が必要か。
（ア）それぞれの土地に同じレントを徴収すべきである。
（イ）どちらの土地にもレントを徴収すべきではない。
（ウ）AよりもBの土地に高いレントを徴収すべきである。
（エ）BよりもAの土地に高いレントを徴収すべきである。
（オ）Aの土地のみが使用されるべきである。

答え：（エ）

　生産性が高い分だけ地代（＝レント）を高くすることで，資源配分が効率的になる。

　たとえば，米を生産する2つの土地A，Bで，米を生産する際の平均費用と限界費用が図のように異なる場合である。Aの方が生産性が高いから，平均費用曲線ACはBの平均費用曲線ACよりも下方に位置している。同じ米の価格に直面するから，均衡ではAの土地から生まれる収益の方がBの土地から生まれる収益よりも高くなる。かりにBの土地からの収益がゼロである限界的土地であるとすれば，Aの土地からの収益（限界費用MCと平均費用ACの差額分に生産量を掛けた額）だけがレントとなる。

　このように，生産性の異なる土地からのレントは異なることが望ましい。これは，リカードの差額地代の議論である。

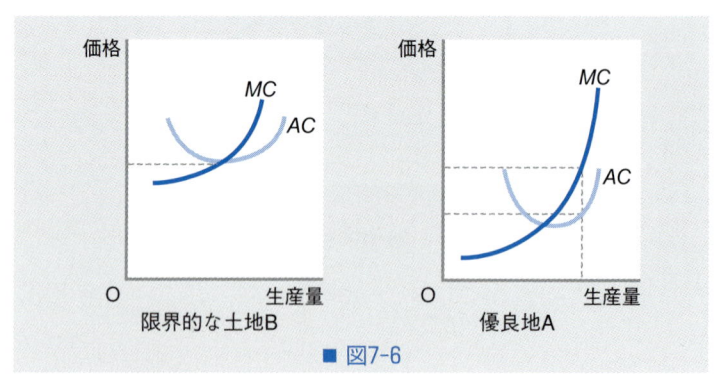

■ 図7-6

問題

◆ 7.5 小麦の生産に用いられる土地が一定であるとき,小麦の供給曲線はどうなるか。
（ア）土地が一定でも,小麦の生産量はある程度価格弾力的であり,価格が上昇すれば供給量は増加する。
（イ）完全に垂直になり,小麦の価格に非弾力的になる。
（ウ）右下がりの曲線になる可能性がある。
（エ）小麦の供給と土地の供給は別の問題なので,小麦の供給曲線は完全に水平になる。
（オ）小麦の供給曲線は小麦の価格とは無関係になる。

◆ 7.6 ある財を生産する際に生産要素が1つしかない場合,その要素への支払い価格は
（ア）競争によるせり上げがない分だけ,通常の競争均衡よりも小さくなる。
（イ）それぞれの使用者にとってはコストになる。
（ウ）社会全体では費用であるが,個々の使用者にとってはコストにならない。
（エ）社会全体にも個々の使用者にもコストになる。
（オ）社会全体にも個々の使用者にもコストにならない。

◆ 7.7 もしある財の収益がレントの形であり,それに課税されるとすれば,
（ア）税金の負担はすべて供給者になり,需要者の購入価格は変化しない。
（イ）税金の負担は需要者がすべて負う。
（ウ）税金の負担は需要者と供給者でともに負う。
（エ）生産量は減少し,価格も下落する。
（オ）生産量は減少せず,価格は上昇する。

◆ 7.8 地代の経済理論に合わないものはどれか。
（ア）地代は土地利用への支払いである。
（イ）土地の需要が増加すれば,地代は上昇する。
（ウ）地主への地代は土地の限界生産価値に等しい。
（エ）純粋に経済的な地代は,土地の供給が完全に弾力的な場合に発生する。
（オ）地代は潜在的な需要者に対する土地の割り当てとして機能する。

（→解答は p.244）

●7.3　初期保有量と所得再分配

［1］所得分配率

国民所得 Y のうち労働所得 wN の割合を労働所得の分配率 $\dfrac{wN}{Y}$, 資本所得 rK の割合を資本所得の分配率 $\dfrac{rK}{Y}$ という。

$$労働所得の分配率 = \frac{労働所得}{国民所得}$$

$$資本所得の分配率 = \frac{資本所得}{国民所得}$$

［2］家計間での分配

国民経済全体をみれば、所得は最終的に家計に分配される。家計間での分配の状況は、それぞれの家計が保有している当初の資産の分配状態に依存する。

［3］社会厚生関数

不平等の状態について、社会的にどのような価値判断を持っているかを、社会厚生関数として定式化しよう。

$$W = W(U_H, U_L)$$

ここで、W は社会厚生を、また、U_H, U_L はそれぞれの人の効用水準を意味する。

社会厚生関数の特別な形として有名なものが、次の2つである。

(1)　　$W = U_H + U_L$

(2)　　$W = \mathrm{Min}[U_H, U_L]$

(1)式はベンサム的な価値判断を意味しており、社会全体の効用の総計を大きくすることが政府の目的になる。

(2)式はロールズ的な価値判断であり、もっとも恵まれない人にのみ政府が関心を持ち、その人の経済状態が改善されれば、他の人の経済状態がどうなっても、社会的に望ましいということを意味して

いる。

[4] 社会的な最適点

課税が労働供給を抑制する勤労意欲阻害効果を考慮に入れて，最適な所得分配の政策を再検討する試みが，最近の所得分配政策分析の基本的な考え方である。

例題7.5

不平等についてのもっともらしい価値判断のもとで，ある程度の所得再分配政策は必要になるが，あまり極端な再分配政策は，効率性の面でのコストが大きくなるため，望ましくない。

例題7.5

所得再分配政策における非効率性の源泉としてもっとも適切なものはどれか。

（ア）再分配のために課税されることで，勤労意欲が阻害されて総所得が減少する。
（イ）制度を運営する際に大きな管理費用がかかる。
（ウ）再分配で補助金を得る人々が勤労意欲を失うことで，総所得が減少する。
（エ）所得再分配のための移転支出が適切に行われない。
（オ）移転支出に税金が投入されることで，他の経済政策に財源が不足する。

答え：（ア）

再分配政策の財源としてもっとも代表的な課税方法は，累進的な所得税である。再分配政策を強力に進めるために，極端に高い累進税率を採用すると，高額所得者の勤労意欲が阻害される。たとえば，限界税率が100％であれば，だれも追加的に労働供給をしなくなる。これが再分配政策におけるもっとも深刻な弊害である。

再分配のもっとも極端なものは，完全平等である。つまり，所得格差を完全になくすには，課税後の所得をすべての個人で同じにすればいい。そのためには，平均所得以上の所得に対して，限界税率100％の税率を適用して，それを全額徴収し，それを平均所得以下の所得しか稼がなかった個人に補助金として分配すればいい。その結果，課税前所得でいかなる格差があっても，課税後の所得では完全平等（すべての人々の所得が平均所得と一致する状態）が達成できる。

しかし，限界税率100％の世界では，残業などをして追加的な所得があると，それをすべて税金でもっていかれる。誰も平均所得以上の所得を稼ごうとしない。その結果，平均所得が大幅に減少し，最終的には誰も働かなくなって，みんなが他の人の所得に頼ろうとする。すべての人の所得がゼロになるという望ましくない状態で，完全平等が実現する。これは「悪平等」である。

問題

◆7.9　もし生産関数がコブ＝ダグラス型で特定化されるときに，実質賃金が上昇することは労働の分配率にどう影響するか．
（ア）労働の分配率は上昇する．
（イ）変化しない．
（ウ）低下する．
（エ）確定しない．
（オ）労働雇用が増加するかぎりにおいて，変化しない．

◆7.10　以下の状況は，政府による望ましい所得再分配の程度を大きくするか，小さくするか．
（ア）人々の間での所得格差が拡大した．
（イ）人々が仕事の成果に敏感になった．
（ウ）所得が変動するリスクが小さくなった．
（エ）不平等に関する社会的な公平感が強くなった．
（オ）核家族化が進行し，単身世帯が増加した．

◆7.11　以下の文章のなかで正しいものはどれか．
（ア）ベンサム的な価値判断では，もっとも恵まれていない人の経済厚生に大きな関心がある．
（イ）ロールズ的な価値判断では，もっとも恵まれていない人以外の人の経済厚生が改善しても，社会的には何ら望ましい変化ではない．
（ウ）ベンサム的な価値判断では，もっとも恵まれていない人の経済厚生が改善すれば，かならず社会厚生も改善する．
（エ）ロールズ的な価値判断では，すべての人々の経済状態を平等に評価している．
（オ）ロールズ的な価値判断よりもベンサム的な価値判断の方が，より不平等に関心をもっている．

（→解答は p.244）

独　占

本章では，完全競争市場とは対極をなす独占を取り上げる。第7章まで想定してきた完全競争の市場が現実に存在するすべての市場ではない。不完全競争を分析するには，もっとも極端な不完全競争市場である独占企業の行動を分析するのが有益である。また，自然独占や参入をめぐる競争についても議論する。

KEY CONCEPTS

●8.1　独占企業の特徴

[1]（売り手）独占　市場である財を供給している企業が1つしかない状態。

独占市場は完全競争市場とは正反対の市場状態であり，独占企業は自らの利潤を最大にするように価格と生産量を決定する。

[2] 独占企業の特徴

独占企業の利潤 π は完全競争企業と同様に，販売収入と費用との差額で定義される。

$$\pi = py - c(y)$$

ここで，p は独占企業の生産する財の価格，y は生産水準，$c(y)$ は費用関数である。

独占企業は，プライス・テイカーではなく，販売価格 p を操作できる。

$$p = p(y)$$

独占企業は自らしか供給主体が存在しないので，市場での需要の制約を考慮せざるを得ない。

［3］独占企業の最適問題

$$\pi = p(y)y - c(y)$$

利潤が最大となる点で，収入曲線 OA の傾きである<u>限界収入</u>＝費用曲線 OB の傾きである<u>限界費用</u>という条件が成立する。

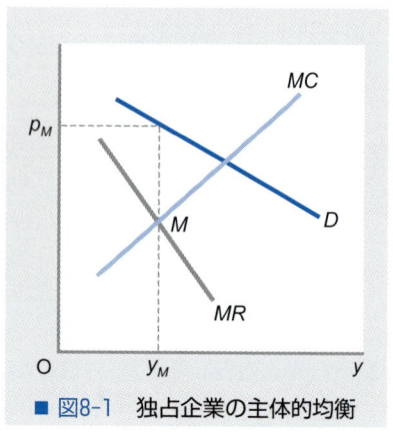

■ 図8-1　独占企業の主体的均衡

▶ 独占企業の主体的な均衡条件

$$p + \frac{\Delta p}{\Delta y} y = MC$$

左辺が限界収入（MR）であり，右辺が限界費用（MC）である。限界収入 MR は価格 p よりも $(\Delta p / \Delta y)\, y$ の大きさ（$\Delta p / \Delta y < 0$ だから，これはマイナスになる）だけ小さい。

$$p\left(1 - \frac{1}{\varepsilon}\right) = MC$$

ここで，$\varepsilon = -(p/y)(\Delta y / \Delta p)$ は，需要の価格弾力性の大きさを示している。

［4］独占度：$\frac{1}{\varepsilon}$

<u>独占度</u>が上昇する（需要の価格弾力性が小さい）ほど，<u>マークアップ率</u>（価格/費用）は高くなる。

［5］独占企業の供給曲線

独占企業は限界収入と限界費用が一致する点を選択して，供給量と価格を同時に決めている。

── 供給曲線という概念は独占企業にはあてはまらない。

> **例題8.1**
> もし総収入関数が
> $200Y - 0.1Y^2$
> であれば，正しいものはどれか。
> （ア）平均収入関数は，$200 - 0.1Y$ である。
> （イ）限界収入関数は，$200 - 0.2Y$ である。
> （ウ）（逆）需要曲線は，$200 - 0.1Y$ である。
> （エ）上の3つはどれも正しい。
> （オ）どれも正しくない。

答え：（エ）

平均収入は

$$200 - 0.1Y$$

となる。これは需要曲線にも等しい。なぜなら，（逆）需要曲線で求められるのは，この企業の直面する価格であるから，価格に生産量を掛けたものが総収入になる。

限界収入は，

$$200 - 0.2Y$$

となる。

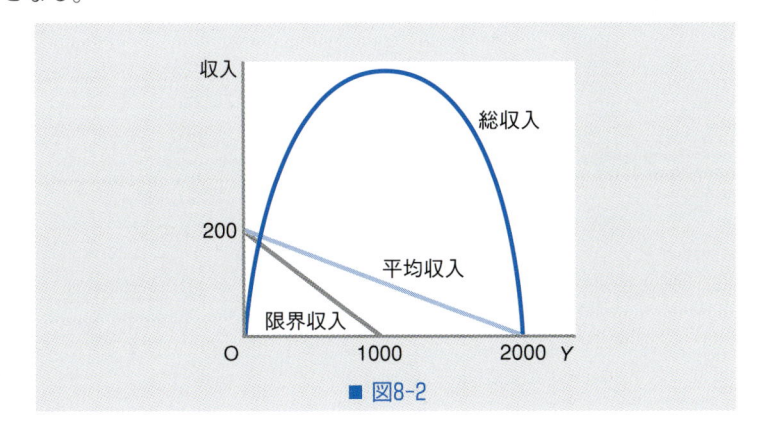

■ 図8-2

> **例題8.2**
>
> 限界収入と価格弾力性の関係を表すものとして正しいのはどれか。
> (ア) 限界収入が負であれば，需要は非弾力的である。
> (イ) 限界収入がゼロであれば，需要は非弾力的である。
> (ウ) 限界収入が正であれば，需要は非弾力的である。
> (エ) 限界収入が負であれば，需要の弾力性は1である。
> (オ) 限界収入が正であれば，需要は完全に弾力的である。

答え：(ア)

限界収入の定義より，需要の価格弾力性が1よりも大きいときに，限界収入はプラスになり，逆に，需要の価格弾力性が1よりも小さいときに，限界収入はマイナスになる。

図8-3に示すように，限界収入がゼロのときには A 点の需要量に対応するから，需要の価格弾力性は $\dfrac{BD}{OB}$ で表される。$OB = BD$ であり，需要の価格弾力性は1になる。限界収入がプラスになると，A 点の左上方（A' 点）で需要量が与えられるから，$\dfrac{B'D}{OB'} > 1$ となり，価格弾力性は1よりも大きくなる。同様にして，A 点の右下方で需要量が与えられるときは，価格弾力性は1よりも小さくなる。

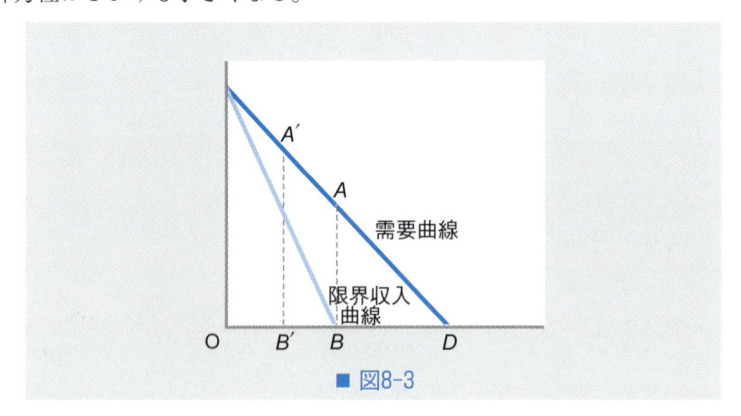

■ 図8-3

問題

◆ 8.1 需要の価格弾力性がより非弾力的な方向に変化したとき，独占企業はどうすればいいか．
（ア）現状維持でよい．
（イ）価格を引き下げて生産を増加する．
（ウ）需要の減少を招いても価格を引き上げる．
（エ）価格の引き上げが需要の減少を引き起こさない範囲で価格を引き上げる．
（オ）売り上げを増加させるために価格を引き上げる．

◆ 8.2 ある企業の総収入が4500であり，15単位を生産している．また，14単位を生産する場合の総収入は4480である．15番目の生産単位における限界収入はどれだけか．
（ア）20
（イ）4480
（ウ）300
（エ）32
（オ）上のどれでもない

◆ 8.3 独占企業が50単位の財を生産し，100の収入を得る．右上がりの限界費用曲線をもち，50単位の生産水準では限界費用が2とする．
（ア）現状で利潤は最大になっている．
（イ）生産を抑制することで，利潤は増加できる．
（ウ）生産を拡大することで，利潤は増加できる．
（エ）価格を引き下げることで，利潤は増加できる．
（オ）上の情報では何もいえない．

◆ 8.4 独占企業の供給曲線について正しい文章はどれか．
（ア）完全競争企業の供給曲線よりも，より弾力的である．
（イ）完全競争企業の供給曲線よりも，より非弾力的である．
（ウ）完全競争企業の市場全体での供給曲線よりも，より弾力的である．
（エ）完全競争企業の市場全体での供給曲線よりも，より非弾力的である．
（オ）独占企業では定義できない．

◆8.5 独占企業が利潤極大をしているとき，可変費用について正しいものはどれか．
(ア) 収入よりも大きい．
(イ) 収入と一致している．
(ウ) 収入よりも小さい．
(エ) 競争均衡での生産量よりも大きい．
(オ) 固定費用が存在しないかぎり競争均衡での生産量に一致する．

◆8.6 もし完全競争企業と独占企業が同じ費用構造をもち，同じ右上がりの限界費用曲線をもち，右下がりの需要曲線に直面していたとすると，正しいものはどれか．
(ア) 競争企業の方が生産量は少なく，価格も低い．
(イ) 競争企業の方が生産量は少なく，価格は高い．
(ウ) 競争企業の方が生産量は多く，価格は低い．
(エ) 競争企業の方が生産量は多く，価格も高い．
(オ) 上のどれでもない．

(→解答は p.244, 245)

8.2 独占と市場

[1] 独占の弊害

独占企業の主体的な均衡点では独占利潤＝生産者余剰が最大となる。

しかし，消費者余剰は価格の上昇によって減少しており，社会的余剰も減少する。

──→完全競争市場と比較して独占市場では超過負担（＝厚生損失）が生じる。

[2] 異なる市場での価格差別

例題8.4

独占企業が２つの異なる市場で同じ財を供給する。それぞれの市場での需要曲線が異なるとき，異なる価格をつける方が独占利潤を最大化するために望ましい。これが，価格差別である。

[3] 買い手独占

労働市場など生産要素市場での取引の場合，独占企業は売り手ではなく，買い手として現れることが多い。

企業は賃金率を上昇させれば，雇用を拡大できる。逆にいうと，雇用量を減少させると，賃金率も低下させることができる。

買い手独占の場合は，雇用を拡大することで賃金が上昇する効果も考慮する必要がある。限界賃金支出（あるいは限界要素費用）ME は

$$w + \frac{\Delta w}{\Delta N} N$$

で表される。

右下がりの需要曲線 DD は右辺の労働の限界生産価値の大きさを示している。これが，企業にとっての労働の評価である。右上がりの供給曲線 SS は賃金と雇用との関係を示した曲線であり，労働者

の供給行動を意味する。

　限界支出曲線 ME は，供給曲線 SS よりも傾きの急な右上がりの曲線である。

例題8.3　――→独占企業の均衡点は ME 曲線と DD 曲線との交点 M で与えられる。

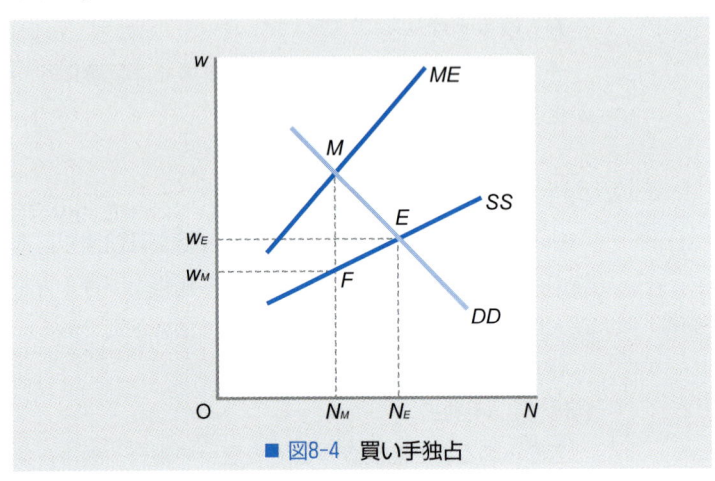

■ 図8-4　買い手独占

例題8.3

生産要素市場で独占にある独占企業を考える。生産要素 A の価格が10であり，限界生産は5である。最終財 X の価格は2である。このとき，

(ア) 利潤を最大にするためには生産を減少すべきである。
(イ) 利潤を最大にするためには生産を増加すべきである。
(ウ) 現状が利潤最大化している。
(エ) 現状で利潤最大化しているが，生産要素 A を減らして他の生産要素を増加すべきである。
(オ) 現状で利潤最大化しているが，生産要素 A を増やして他の生産要素を減らすべきである。

答え：(ア)

生産要素の限界生産価値は$2\times5=10$であり，これは，この生産要素の価格10に等しい。生産要素の限界生産価値と要素価格が一致するのは，完全競争企業では利潤最大化の主体的均衡条件である。しかし，この企業は独占企業である。独占企業の主体的均衡条件は，

　　　限界賃金支出＝この生産要素の限界生産価値

あるいは，

　　　限界費用＝限界収入（＝生産物価格）

が一致する点で，要素価格と需要量を決定すべきである。限界賃金支出はこの生産要素の供給曲線よりも高くなる。その分だけ，要素市場での完全競争の場合よりも雇用量を減少させることで，独占利潤を手にすることができる。

すなわち，要素市場で独占の利益を享受するには，この生産要素の需要を抑制して，その分だけ要素価格を低下させることが望ましい。そのために，生産量を減少すべきである。

例題8.4

独占企業が2つの異なった市場1，2で差別価格を設定できるとする。それぞれの市場における需要関数が，以下のように与えられている。

$$p_1 = 100 - 4X_1$$
$$p_2 = 180 - 20X_2$$

費用関数は

$$C = 20(X_1 + X_2)$$

とする。p は価格，X は生産量，C は費用である。

(1) 差別価格とそれぞれの市場での利潤を求めよ。

(2) 差別価格を設定しない場合と比較して，利潤はどれだけ増加するか。

---

(1) 市場1における最適行動から分析する。需要関数より限界収入は

$$100 - 8X_1$$

これが限界費用20に等しい条件を求めると

$$100 - 8X_1 = 20$$
$$X_1 = 10$$

となる。これを需要関数に代入すると，

$$p_1 = 60$$

したがって，市場1からの利潤は

$$(60 - 20) \times 10 = 400$$

である。同様に，市場2では限界収入＝限界費用の条件より

$$180 - 40X_2 = 20, \qquad X_2 = 4$$

また，価格は100となる。市場2からの利潤は

$$(100 - 20) \times 4 = 320$$

(2) 差別価格を設定しない場合，市場1，2を統合した市場で考える。

$$X_1 = 25 - 0.25p$$
$$X_2 = 9 - 0.05p$$

より，$X_1 + X_2 = X$ について需要関数を求める。

$$X = 34 - 0.3p$$

これより限界収入＝限界費用の条件は
$$\frac{340}{3} - \frac{20X}{3} = 20$$
したがって，
$$X = 14$$
差別化しない価格は $\frac{200}{3}$ となる。利潤は
$$\left(\frac{200}{3} - 20\right) \times 14 = 653.3$$
利潤の差額を求めると
$$(400 + 320) - 653.3 = 66.7$$
この額だけ差別価格を採用する方が利潤は大きい。

問題

◆8.7 完全競争的な要素市場に直面している独占企業は，生産要素の雇用にどこまで支払うか。
（ア）追加的な雇用による収入の増加以上
（イ）雇用の限界生産物価値以上
（ウ）雇用の限界生産物価値以下
（エ）追加的な雇用による収入の増加以下
（オ）雇用の限界生産物価値と同じ

◆8.8 価格差別化について，正しいものはどれか。
（ア）同じ財サービスに関して，異なる消費者が異なる価格を支払うことである。
（イ）同じ映画を鑑賞する際に，子供料金よりも大人料金の方が高いことである。
（ウ）購入者の価格弾力性が異なるときに生じる。
（エ）より低い価格での再販売ができないことが条件となる。
（オ）上のすべて。

◆8.9 以下の文章のなかで，正しいものはどれか。
（ア）独占企業は完全競争の場合よりも多くの利潤をあげているので，消費者余剰が減少しても，社会的総余剰が減少するとはかぎらない。
（イ）買い手独占は，生産物市場とともに生産要素市場でも，企業が独占的な地位にある状態を意味する。
（ウ）独占企業の弊害は，生産量を抑制して価格を引き上げることで，社会的に必要な水準まで供給しないことである。
（エ）独占企業が価格差別政策を採用すれば，独占企業の利潤が大きくなるので，消費者は必ず損をする。
（オ）独占企業の利潤をすべて税金で徴収して消費者に還元すれば，独占の弊害は解消される。

（→解答は p.245）

● 8.3 自然独占と規制

[1] 自然独占
規模の経済性が大きく，事実上1つの企業が供給を独占している。このような独占を自然独占と呼ぶ。

[2] 限界費用価格形成原理
社会厚生を最大にするためには，価格を限界費用に設定して，限界費用価格で市場の需要と供給が一致する点を選択する必要がある。

例題8.5　これが限界費用価格形成原理である。

[3] X非効率性
結果として損失が穴埋めされるということを，企業が前もって理解していれば，費用を最小にする誘因が乏しくなる。このような非効率性を，X非効率性と呼ぶ。

[4] セットアップ・コスト
企業が独占利潤を最大化したとしてもプラス（ゼロも含めて）の利潤が確保できず，自然独占が成立しないほど，規模の経済が働いている場合もある。
これは，初期の固定費用が巨大であるときに生じる。
　──→産業確立にセットアップ・コストが必要になる。

[5] ピーク・ロード料金
貯蔵が困難な財の場合，ある時点で発生する最大需要を満たすような水準に生産能力が決定されることが多い。
　──→同一料金を維持するよりはピーク時料金を高く，非ピーク時の料金を低く設定する。

[6] 2部料金制度

基本料金と従量料金の2つの部分からなる料金体系。電力，電気，ガス，水道料金などで幅広く用いられている。

典型的な2部料金制度では，基本料金がそれぞれの需要者の期間内の最大需要に依存して決定される。

2部料金は，基本料金で固定費用を徴収するとともに，従量料金を限界費用価格形成原理で設定する。

コラム

所得格差

所得格差の大きな要因は，本人の自助努力の差，運不運，親からの遺産の差などである。経済発展がある程度進むと，自分で努力をすればその成果も大きいことが，誰の目にも明らかになるので，多くの人が真剣に自助努力をするようになる。また，産業間での構造変化も前もって予想できるので，運不運の結果としての格差もそれほど大きくならない。したがって，経済的に豊かな国では所得格差もあまり拡大しない。しかし，1990年代の日本やアメリカでは所得格差が拡大しているという研究もある。アメリカでは，新しいIT（情報技術）関連の産業が急速に拡大していて，それに適した人材とそうでない人材との格差が拡大している。ニューエコノミーに伴う格差の拡大である。日本では，そうした新しい社会変化の結果で格差が拡大しているのではなく，高齢化に伴って見せかけの格差が拡大している。高齢者が多くなれば，同じ年齢層での格差が従来のままであっても，マクロベースでみれば所得格差は大きくなる。

例題8.5

費用逓減産業である公益事業で，需要曲線が以下のように与えられる。

$p = 100 - X$　　p 価格　　X 生産量

生産における平均費用曲線が

$AC = -0.25X + 70$

とする。このとき，
(1) 独立採算を維持できるように政府が価格を決定するケース
(2) 資源の最適配分を実現するように価格を設定するケース
2つのケースにおいて，価格，生産量，社会的余剰を求めよ。

---

(1) 独立採算では価格と平均費用が一致している。

$$100 - X = -0.25X + 70$$

これより X を求めると，

$$X = 40$$

したがって，$p = 60$ となる。利潤（=生産者余剰）はゼロだから，消費者余剰のみを求める。図8-5に示すように，

$$40 \times 40 \times 0.5 = 800$$

これが社会的余剰である。

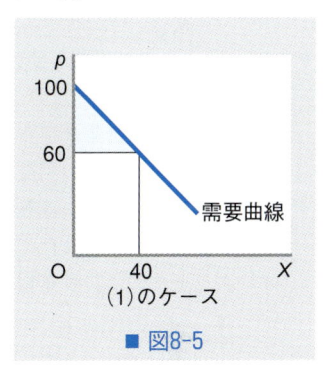

(2) 総費用 $X \times AC = (-0.25X + 70)X$ を微分して，限界費用 MC を求める。

$$MC = -0.5X + 70$$

これと価格が一致する条件から，

$$-0.5X + 70 = 100 - X$$
$$X = 60, \quad p = 40$$

社会的余剰は MC 曲線と需要曲線との差額分であるから，図8-6より

$$60 \times 30 \times 0.5 = 900$$

これが社会的余剰である。

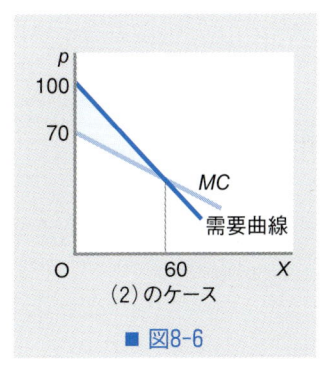

■ 図8-5 (1)のケース

■ 図8-6 (2)のケース

8.3　自然独占と規制

問 題

◆8.10 以下の文章で正しいものはどれか。
（ア）自然独占は，ある企業が特別な生産要素を独占している場合に生じる。
（イ）自然独占は，限界生産逓減の度合いが大きいときに生じる。
（ウ）自然独占は，天然資源を独占的に使用する状態を意味する。
（エ）自然独占企業は，消費者余剰を最大にするように行動する。
（オ）自然独占企業の生産水準は，最適規模よりも過小になる。

◆8.11 以下の文章の（ ）に適当な用語を入れよ。
　価格と（ ）を等しくさせるという（ ）価格形成原理は，自然独占企業に社会的に最適な生産量を求める規制である。しかし，そのためには企業の（ ）を穴埋めする必要がある。

◆8.12 独占企業が規制を受けても存続を認められる場合がある。その理由としてもっともらしいのは，次のうちでどれか。
（ア）より多くの企業が存在すれば，規模の経済が働くようになるから。
（イ）産業は自然独占の利益を受けるから。
（ウ）より多くの企業が存在すれば，価格競争が刺激されるから。
（エ）より多くの企業が存在すれば，生産能力に無駄が生まれるから。
（オ）より多くの消費者を相手にしているから。

（→解答は p.245）

● 8.4 参入をめぐる競争

[1] 内部補助

2種類以上の生産物を生産する自然独占産業への参入の問題を考えよう。独立採算制が制約としてある場合，公企業はある生産物の販売で得た利潤を別の生産物の販売に伴う損失を穴埋めするために使う可能性がある。

例題8.6　　これを内部補助という。

既存独占企業は収益性の高い上述の生産市場で参入企業に利益を奪われながら，なおかつ収益性の低い市場でも生産を続けざるを得ない。
　──→既存独占企業の経営は悪化する。
　これを，クリーム・スキミングという。

[2] 競争可能市場
産業への参入，退出が自由であり，かつ退出する際に参入したときの費用や投下された設備などの固定費用が完全に回収される市場。
- 参入，退出の自由
- 固定費用が完全に回収される
- 埋没費用（サンクコスト）が存在しない

競争可能市場では，次のような均衡が実現する。
(1) 価格は平均費用に等しい。
(2) 生産は効率的に行われ，価格＝平均費用＝限界費用が成立する。
(3) 企業の数は，産業全体として総生産量がもっとも効率よく生産される水準になる。

[3] 規制産業の企業行動

例題8.7　　企業による独占力が問題であり，それから消費者の利益を擁護するのであれば，料金規制や独占企業のX非効率性を改善する規制が

必要となる。

[4] ヤードスティック競争

規制の実施にあたって，既存独占企業の情報上の優位性を覆すために，既存企業を分割したり，新規参入を認めたりして，複数の企業に情報面での競争を促進させる。

[5] 公正報酬率規制

公益事業の料金を，営業費，固定資本の減価償却費，税金などから構成される原価に，もっともらしい公正報酬を加えた「総括原価」を超えない水準に設定する。

例題8.6

以下の文章のうちで正しいものはどれか。
（ア）内部補助は，独占企業の合理的な行動として説明できる。
（イ）内部補助は，独立採算という制約のために生じる。
（ウ）内部補助をしている独占企業は，他の企業が参入することを歓迎する。
（エ）内部補助は，企業内部での生産要素間の貸し借りを意味する。
（オ）内部補助で，消費者の利益は増加する。

答え：（イ）

内部補助は独立採算を条件として，独占企業の価格と生産量の設定が行われる場合に生じる。たとえば，旧国鉄が都市部の鉄道収入で得た利潤を過疎地の鉄道事業の損失に回していた例などがある。独占企業（この場合は国鉄）が合理的に行動すれば，過疎地の鉄道を廃止するか，その運賃を値上げし，逆に，都市部での鉄道を拡張するか，その運賃を値下げできたはずである。

都市部では採算上利益があがっているので，都市部での参入が認められて，都市部での競争が激しくなれば，国鉄という独占企業は貴重な収益源を失う。

これと似た状況は，国内航空と国際航空でもみられる。従来，日本の航空企業は国内では競争がほとんどなく，規制で仕切られていたために，国内運賃は高く，収益をあげていた。しかし，国際航空部門では外国の多くの航空企業と競争するために，赤字覚悟で運賃の引き下げを行ってきた。これは国内部門から国際部門への内部補助であった。しかし，国内部門でも規制緩和や新規参入（とくに幹線航空路）が行われるようになり，国内運賃が下落するとともに，独立採算を維持するのが困難になってきている。

このように，内部補助をしている独占企業は新規参入に反対する。また，内部補助で消費者の利益が全体として増加することはない。

> **例題8.7**
>
> 需要曲線が
> $X = 10 - p$ X 需要量， p 価格
> の市場を企業1が独占している。企業1の費用曲線は
> $C_1 = 2X_1$ C_1 費用
> である。費用曲線が
> $C_2 = X_2^2 + 2$ C_2 費用
> をもつ企業2が参入を計画している。企業1が企業2の参入を阻止するには価格をいくらに設定すればいいか。

企業1が X_1 だけ生産しているときに企業2が直面する需要曲線は

$$p = (10 - X_1) - X_2$$

である。この曲線が企業2の平均費用曲線と接するなら，企業2は利潤をあげられない。平均費用曲線

$$X_2 + \frac{2}{X_2}$$

の傾きは

$$1 - \frac{2}{X_2}$$

これが需要曲線の傾き -1 に等しいという条件より

$$1 - \frac{2}{X_2} = -1$$

$$X_2 = 1$$

これを企業2の需要曲線と平均費用に代入すると，それぞれ

$$p = 9 - X_1, \quad 平均費用 = 3$$

となる。この2つが等しいから

$$X_1 = 6$$
$$p = 3$$

すなわち，参入阻止価格は3である。

■ 問 題 ■

◆ 8.13 次の文章のうちで正しいものはどれか。
（ア）参入，退出が自由であっても，結果として独占になっていれば望ましくない。
（イ）参入，退出が自由であれば，独占であっても必ず望ましい資源配分が達成可能である。
（ウ）独占企業の弊害を是正するには，何らかの料金規制が有効である。
（エ）規制対象企業の技術的な情報がわからなくても，適切な料金規制は可能である。
（オ）政策的に内部補助が必要であっても，参入規制は望ましくない。

◆ 8.14 競合可能市場の理論が前提とする市場について，以下の文章のうちで正しいものはどれか。
（ア）実際に多数の企業が参入している市場でないと成立しない。
（イ）参入のための費用は，退出する際にすべて回収しなくてもいい。
（ウ）参入を試みる企業も既存企業と同じ費用条件を持っている。
（エ）参入規制が行われていてもかまわない。
（オ）新規参入企業に対して，既存企業は直ちに何らかの報復行動をとる。

（→解答は p.245）

ゲームの理論

本章では，不完全競争市場を分析する前提として，ゲームの理論を解説する。経済主体がお互いに相手の行動を意識しあう状態は，ゲームの理論で分析することが有益である。ゲームの理論はミクロ経済学のみならず経済学全体で広く適用されている分析手法であり，その基本概念を理解することは重要である。

KEY CONCEPTS

●9.1 ゲーム論の構造

［1］ゲーム論と経済学

ゲームの理論は，ミクロ経済学を中心としたさまざまな分野で経済現象を解明するための有益な分析用具として用いられている。

ゲーム論の基本的な考え方は，ある主体が何らかの意思決定をする際に他の主体がどのように行動するかを予想して，最適な行動を決定するというものである。その際に，自分の意思決定の結果，相手がどのように行動するかを相手の立場に立って予想する。

［2］プレーヤーと戦略

- プレーヤー：意思決定の主体。
- 戦　略：各プレーヤーが選択できる手。
- ペイオフ：各プレーヤーがそれぞれ特定の戦略を選択した結果として，各プレーヤーが手にすることのできる利得。

［3］ゼロ・サム・ゲーム

お互いのペイオフの合計が常にゼロであるゲーム。

[4] 囚人のディレンマ

2人の囚人は取り調べに対して,「自白する」か「自白しない」かという2つの戦略をもっている。自分が自白しないと,相手の囚人の利益になる。お互いに自白しないと,2人ともに利益を受ける。しかし,自分だけ自白して相手に罪をかぶせると,自分としては大きな利益が期待できる。

　── (非協力,非協力) がゲームの解となる。

例題9.1　**[5] 支配戦略**：相手の取り得る戦略のすべてのケースについて,望ましい自分の特定の戦略。

囚人のディレンマのゲームでは,お互いに「非協力」の戦略が支配戦略となる。

▶ **ゲームの解法**：支配される戦略を消去して,最終的に残された戦略としてゲームの解を求める。

例題9.1

次のようなゲームで支配戦略はどれか。

■ 表9-1

太郎＼花子	A	B
a	2, 1	4, 0
b	0, 4	1, 2

ここで，A，B は花子のとる戦略，a，b は太郎のとる戦略である。また，ペイオフの組合せは，（太郎のペイオフ，花子のペイオフ）を意味する。

まず太郎の支配戦略から考える。花子が A の戦略をとるとき，太郎の戦略が a であれば 2 の利得になり，b であれば 0 の利得になるから，太郎の望ましい戦略は a である。また，花子が B の戦略をとるとき，太郎の戦略が a であれば 4 の利得になり，b であれば 1 の利得になるから，太郎の望ましい戦略は a である。つまり，花子が A，B どちらの戦略を採用しても，太郎にとって望ましい戦略は a である。したがって，戦略 a は太郎の支配戦略である。

次に，花子の支配戦略を考える。太郎が a の戦略をとるとき，花子の戦略が A であれば利得は 1 であり，B であれば利得は 0 であるから，花子の望ましい戦略は A である。また，太郎が b の戦略をとるとき，花子の戦略が A であれば利得は 4 であり，B であれば利得は 2 であるから，花子の望ましい戦略は A である。つまり，太郎が a，b どちらの戦略を採用しても，花子の望ましい戦略は A である。したがって，花子にとって戦略 A は支配戦略である。

以上から，太郎が a を選択し，花子が A を選択する解（2，1）がこのゲームの解となる。

問題

◆9.1 以下の文章のうちで正しいものはどれか。
（ア）ゲーム論の基本的な考え方は，プレーヤーが利己的に行動することである。
（イ）ゲーム論の基本的な考え方は，プレーヤーが社会全体の利益を考慮して行動することである。
（ウ）ゲーム論では，相手がどのように行動するのかがあらかじめわからないと，均衡解を導出できない。
（エ）プレーヤーが特定の戦略を選択してはじめて，ペイオフが確定する。
（オ）ゲーム論では，ペイオフの合計は必ずゼロになる。

◆9.2 以下の（ ）のなかに適当な用語を入れよ。
　ゲーム論での意思決定主体は（ ）と呼ばれる。この（ ）が選択できる手を（ ）という。そしてこの（ ）が決定されれば，各（ ）の利得である（ ）も確定する。

◆9.3 次のゲームにおいて，それぞれの支配戦略とゲームの解を求めよ。ただし，A, Bは花子のとる戦略，a, b, cは太郎のとる戦略である。また，ペイオフの組合せは，（太郎のペイオフ，花子のペイオフ）を意味する。

■ 表9-2

太郎＼花子	A	B
a	0, 2	2, 1
b	2, 3	3, 1
c	1, 2	0, 0

（→解答は p.245）

9.2 ナッシュ均衡

[1] ナッシュ均衡とは

相手のそれぞれの戦略に対して，自らの最適な戦略を決める。お互いに最適戦略である戦略の組合せとしてゲームの解を求めると，ナッシュ均衡解になる。

例題9.2

ナッシュ均衡は複数存在する場合もある。

──→ 逢い引きのディレンマと呼ばれるゲームでは，ゲームの解としてどちらのナッシュ均衡解が選択されるかは何ともいえない。

▶ **混合戦略**：自分のとる戦略に不確実性を入れるような戦略。

例題9.3

混合戦略も考慮すると，ナッシュ均衡は必ず存在する。

[2] ナッシュ均衡と経済分析

ナッシュ均衡は，経済分析をゲーム論的な立場から考察する際の基本的な概念になっている。

ナッシュ均衡は支配戦略の均衡よりも弱い概念であるから，支配戦略で均衡が存在すれば，それはナッシュ均衡でもある。しかし，逆は成立しない。

例題9.2

次のようなゲームにおけるナッシュ均衡を求めよ。

■ 表9-3

太郎＼花子	L	M	H
A	2, 4	1, 4	6, 5
B	4, 1	8, 2	2, 4
C	3, 6	2, 9	1, 8

ここで，A，B，Cは太郎の戦略，L，M，Hは花子の戦略である。また，ペイオフの組合せは，（太郎のペイオフ，花子のペイオフ）を意味する。

　まず，太郎の最適な戦略から考える。花子がLの戦略をとるとき，太郎にとって最適な戦略はBである。花子がMの戦略をとるとき，太郎にとって最適な戦略はBである。また，花子がHの戦略をとるとき，太郎にとって最適な戦略はAである。

　次に，花子の最適な戦略を考える。太郎がAの戦略をとるとき，花子にとって最適な戦略はHである。太郎がBの戦略をとるとき，花子にとって最適な戦略はHである。また，太郎がCの戦略をとるとき，花子にとって最適な戦略はMである。

　したがって，太郎がAの戦略をとり，花子がHの戦略をとるのが，ナッシュ均衡となり，それぞれのプレーヤーのペイオフは6，5となる。なぜなら，太郎がAの戦略をとるのは，花子がHの戦略をとるときの最適戦略であり，同時に，花子がHの戦略をとるのは，太郎がAの戦略をとるときの最適戦略になっているからである。

例題9.3

太郎と花子がコイン・ゲームをする。両方ともに表か裏が一致する場合は太郎が10を得て、逆に、両方のコインの表裏が一致しない場合は花子が10を得るとする。
(1) 純粋戦略ではナッシュ均衡が存在しないことを示せ。
(2) 混合戦略ではナッシュ均衡が存在することを示せ。

(1) 純粋戦略のゲームのペイオフは以下のようになる。ペイオフの組合せは，(太郎のペイオフ，花子のペイオフ) を意味する。

■ 表9-4

太郎＼花子	表	裏
表	10, 0	0, 10
裏	0, 10	10, 0

太郎の最適戦略は花子のコインと同じ表裏をとることであり，逆に，花子の最適戦略は太郎と異なる表裏をとることである。したがって，ナッシュ均衡は存在しない。

(2) 太郎が確率 λ で表を選択し $1-\lambda$ で裏を選択する。また，花子は確率 μ で表を選択し，確率 $1-\mu$ で裏を選択する。このような混合戦略での太郎の最適戦略を求めると，太郎の期待利得は

$$10(\lambda\mu+(1-\lambda)(1-\mu))$$

となる。ここで，第1項は両方のコインがともに表になる確率であり，第2項は両方のコインがともに裏になる確率である。上の期待利得を最大にする λ を求めるには，この式を λ について微分すればいい。

$$10(2\mu-1)$$

これがプラスであれば，$\lambda=1$ が望ましく，マイナスであれば，$\lambda=0$ が望ましい。また，これがゼロであれば，λ は0と1の間で無差別になる。したがって，図9-1のような最適反応曲線が得られる。

同様に，花子の最適な反応曲線を求めると，図に示すように，$\lambda>0.5$ な

らば，$\mu=0$ となり，$\lambda<0.5$ ならば，$\mu=1$ となり，$\lambda=0.5$ ならば，μ は0と1の間で無差別となる。したがって，ナッシュ均衡は2つの反応曲線の交点で与えられる。すなわち，太郎，花子ともに確率0.5で表と裏を出すような混合戦略がナッシュ均衡となる。

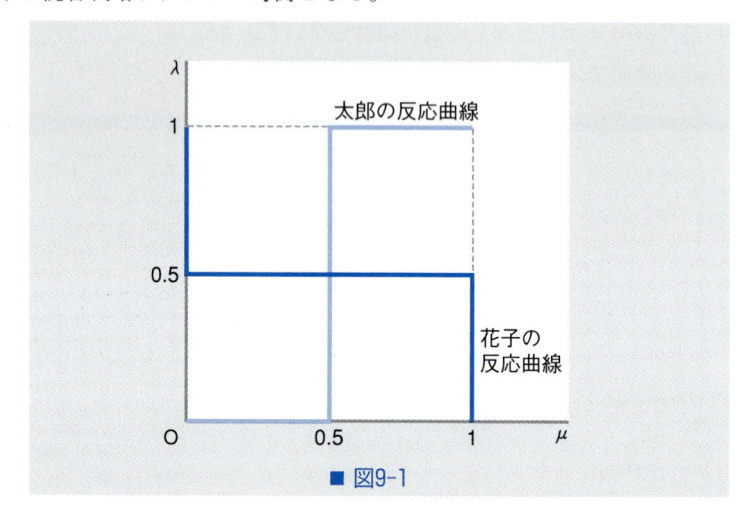

■ 図9-1

問題

◆9.4 純粋戦略のゲームにおいて，以下の文章のなかで正しいものはどれか。
（ア）ナッシュ均衡は必ず1つしか存在しない。
（イ）ナッシュ均衡は必ず存在するが，複数存在する場合もある。
（ウ）ナッシュ均衡は支配戦略よりも強い概念である。
（エ）ナッシュ均衡が存在すれば，それは必ず支配戦略である。
（オ）ナッシュ均衡は存在しない場合もある。

◆9.5 以下のゲームのナッシュ均衡を求めよ。

■ 表9-5

太郎＼花子	C	N
C	2, 2	−2, 2
N	3, −2	−1, −1

ここで，C, N はそれぞれ太郎と花子のとり得る2つの戦略である。また，ペイオフの組合せは，（太郎のペイオフ，花子のペイオフ）を意味する。

◆9.6 太郎と花子がデートしようと考えている。太郎は野球観戦に行きたいが，花子はコンサートに行きたい。この状況のペイオフは以下のように表される。また，ペイオフの組合せは，（太郎のペイオフ，花子のペイオフ）を意味する。

■ 表9-6

太郎＼花子	野球	コンサート
野球	2, 1	0, 0
コンサート	0, 0	1, 2

（ア）このゲームの純粋戦略でのナッシュ均衡を求めよ。
（イ）このゲームの混合戦略でのナッシュ均衡を求めよ。

（→解答は p.245）

●9.3 動学的なゲーム

[1] **動学的なゲーム**：相手の戦略がわかった後で自分の戦略を順次決めていくゲーム。

[2] **部分ゲーム完全均衡**

全体のゲーム（＝ゲームの木全体）での解であるとともに，プレーヤー A の選択を所与としたときのプレーヤー B の最適反応を考慮した部分ゲーム（＝プレーヤー A が選択し終わった後でのゲーム）においても均衡解となっている。このようなゲームの解を，部分ゲーム完全均衡と呼ぶ。

例題9.4　動学的なゲームでは，後ろ向きに解いていく。

同時ゲームでは複数存在していたナッシュ均衡が，部分ゲーム完全均衡では1つに絞り込まれる。

例題9.5　動学ゲームではどのプレーヤーが先に動くかは，モデルの前提として与えられている。

例題9.4

次のようなゲームの木を考える。

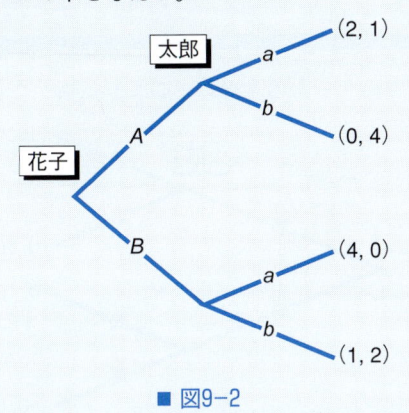

```
              太郎 ───a──── (2, 1)
              │
           A  └───b──── (0, 4)
      花子 ┤
           B  ┌───a──── (4, 0)
              │
              └───b──── (1, 2)
```

■ 図9-2

このゲームでは先に花子が A か B か戦略を決定する。そのあとで，太郎は a か b かの戦略を決定する。両者のペイオフは（太郎，花子）として与えられている。このゲームのナッシュ均衡を求めよ。

動学的なゲームでは後ろ向きに解いていく。第2段階の太郎の最適戦略から考える。花子が A の戦略をとったとき，太郎が a をとれば2の利得になり，b をとれば0の利得になるから，この場合の太郎の最適戦略は a である。また，花子が B の最適戦略をとったとき，太郎が a をとれば4の利得になり，b をとれば1の利得になるから，この場合の太郎の最適戦略は a である。

次に，第1段階の花子の最適戦略を考える。花子が A の戦略をとると，太郎が a をとることが花子も予想できる。この場合，花子のペイオフは1である。また，花子が B の戦略をとると，太郎が a をとることが花子も予想できる。この場合，花子のペイオフは0である。したがって，これら2つのケースを比較して，花子の最適戦略は A となる。

その結果，花子が第1段階で A を選択し，太郎が第2段階で a を選択して，両者のペイオフは（2, 1）となる。これがこのゲームの解となる。

例題9.5

コイン・ゲームでは，先に動く方が必ず損をする。そのことを説明せよ。

コイン・ゲームでのゲームの木は以下のように描かれる。

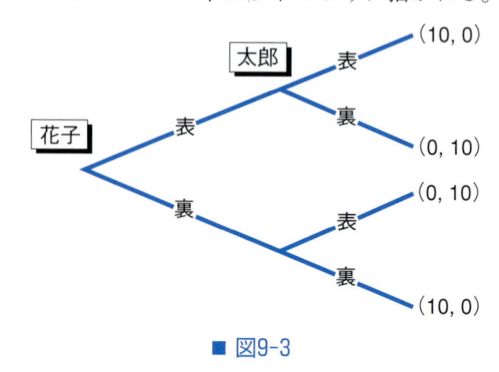

```
        太郎 ─表─ (10, 0)
    ─表─┤
花子    └─裏─ (0, 10)
    ─裏─┐
        太郎 ─表─ (0, 10)
            └─裏─ (10, 0)
```

■ 図9-3

　ここで，花子が先に動くとしよう。両方のコインが同じであれば，太郎が10の利得を得て，違う場合に花子が10の利得を得る。第2段階の太郎の最適戦略を考える。花子が表であれば，太郎は表を選択し，花子が裏であれば，太郎は裏を選択する。どちらの場合も太郎は10を得る。

　このような太郎の行動を前提として，花子の最適戦略を考える。花子が表を選択しても，裏を選択しても，花子のペイオフは0である。したがって，花子は無差別になる。すなわち，ナッシュ均衡では，花子が表あるいは裏のどちらかを選択して，太郎が花子と同じ表あるいは裏を選択する。太郎のペイオフは10であり，花子のペイオフは0である。先に動いた花子が損をしている。

　逆に，太郎が先に動く場合は，太郎が損をすることが，上と同様に考えると，容易に示される。

問題

◆9.7 以下のゲームのナッシュ均衡を求めよ。
第1段階：花子が A か B を選択する。
第2段階：太郎が a か b を選択する。
両者のペイオフは以下のように与えられる。

■ 表9-7

太郎＼花子	A	B
a	2, 1	1, 0
b	0, 4	4, 2

◆9.8 以下の文章のうちで正しいものはどれか。
（ア）動学的なゲームでは，必ず後ろ向きに解いていく。
（イ）動学的なゲームでは，場合によっては前向きに解いていく方が簡単に解が求められる。
（ウ）動学的なゲームでも，ナッシュ均衡解は複数存在するのが通常である。
（エ）動学的なゲームでは，先に動くプレーヤーが必ず得をする。
（オ）動学的なゲームでは，先に動くプレーヤーが必ず損をする。

◆9.9 図のようなゲームを考える。A，B 2人のプレーヤーが順番に戦略をとる。各プレーヤーがとり得る戦略は，「ゲームを続ける（C）」か「ゲームを終える（Q）」かであり，以下の図で決められている利得が分配される。このゲームの部分ゲーム完全均衡を求めよ。

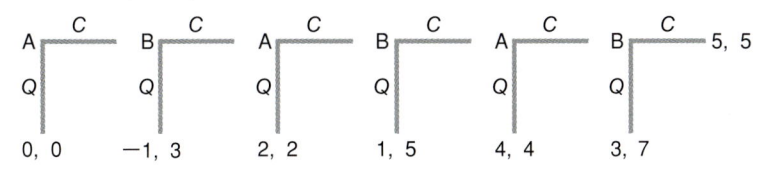

```
    C      C      C      C      C      C
A ─┐    B ─┐    A ─┐    B ─┐    A ─┐    B ─┐  5, 5
   │       │       │       │       │       │
  Q│      Q│      Q│      Q│      Q│      Q│
   │       │       │       │       │       │
  0, 0   −1, 3   2, 2    1, 5    4, 4    3, 7
```

■ 図9-4

（→解答は p.246）

9.4　繰り返しゲーム

［1］有限回の繰り返しゲーム

例題9.7　同じ同時ゲームを複数回繰り返す場合に，繰り返されるそれぞれの段階でのゲームを，段階ゲームと呼ぶ。

　1回限りであれば非協力しか考えないプレーヤーであっても，何度も同じゲームを同じ相手と繰り返す場合には，お互いに協力し合って，ともに利益を分かち合おうとする誘因が生まれる。

▶ 有限回の繰り返しゲームでは，すべての回で（非協力，非協力）がゲームの解として実現してしまう。

例題9.6　▶ 無限回の繰り返しゲームでは，最後のゲームがないから，今回協力することで，将来の損失を回避する誘因が生まれる。

　一般的にいうと，段階ゲームでのペイオフを u_t，割引率を r とすると，ペイオフの割引現在価値は

$$\sum_{t=1}^{\infty} \frac{u_t}{1+r}$$

となる。このとき，r が高くないかぎり，協力するというナッシュ均衡が生まれる。

▶ **罰の戦略**（＝トリガー戦略）
- 前回相手が非協力でなければ（＝協力であれば），今回自分は協力する。
- 前回相手が非協力であれば，今回以降永遠に自分も非協力を選択する。

　──→お互いに罰の戦略をとり，結果としてずっと協力しつづけるのが，ナッシュ均衡になり得る。

［2］フォーク定理

　無限回の繰り返しゲームでは，囚人のディレンマ・ゲームでの非協力解以上のペイオフを，ナッシュ均衡として実現できる。

[3] 経済分析への応用
(1) マクロ経済政策
　民間部門が予想インフレ率を決定し，その後で政府が金融政策を決定するという動学的なゲームを考えると，経済厚生を最大にしようとして選択する政府の戦略が，必ずしもゲームの解としては，経済厚生を最大にする解にならない。

(2) 2国間交渉
　アメリカが自由貿易を主張しながら，ときとして，対日制裁のために課徴金を課したり，保護貿易を実行するのは，繰り返しゲームとして理解できる。

(3) 政党と経済政策
　与党の政治家がどのように経済政策を決定しているのかは，ゲーム論の立場からの研究が行われている。政党間でのとり得る政策がそれぞれの政党の戦略であり，政党間でのゲームの解として，現在の政策も決定される。

例題9.6

次のような囚人のディレンマのゲームが，無限回の繰り返しゲームでは望ましいナッシュ均衡を実現できることを説明せよ。

■ 表9-8

	C	N
C	2, 2	0, 6
N	6, 0	1, 1

ここで，C, N はそれぞれ協力，非協力の戦略を意味する。

1回限りのゲームで考えると，それぞれのプレーヤーにとって N（非協力）が支配戦略であり，ナッシュ均衡として $(1, 1)$ が実現する。これは，囚人のディレンマである。

無限回の繰り返しゲームで，以下のような戦略を考える。すなわち，トリガー戦略で，(1)前回相手が非協力でなければ（＝協力であれば），今回自分は協力する。(2)しかし，前回相手が非協力であれば，今回以降永遠に自分も非協力を選択する。自分も相手も前回まで C の戦略をとっているときに，今回自分が N の戦略に変わることの利得を考えよう。

今回の自分の利得は6である。しかし，次回以降は相手が N の戦略をとり続けるから，自分の将来の利得は1のままである。これに対して，今回も C の戦略をとれば，自分の利得は2のままであり，これが将来も続くと期待できる。

したがって，現在価値では，

$$6 + \frac{1}{1+r} + \frac{1}{(1+r)^2} + \cdots$$

と

$$2 + \frac{2}{1+r} + \frac{2}{(1+r)^2} + \cdots$$

を比較することになる。ここで r は割引率である。

前者は $6+\dfrac{1}{r}$ であり，後者は $2+\dfrac{2}{r}$ であるから，

$$r<\dfrac{1}{4}$$

であれば，後者の現在価値の方が前者の現在価値よりも大きくなる。

したがって，割引率があまり大きくなく，将来の利得を重視するほど，今回協力解から抜け出すことは損になる。そのような場合に，協力解がナッシュ均衡として実現する。

コラム

会社人間は非合理的か

　日本人は働き蜂と呼ばれたこともある。国際的にみても，先進諸国のなかでは労働時間は多いし，労働時間は賃金率とはそれほど関係してないように見える。低賃金であっても，高賃金であっても，とにかく働くのが好きだから働く。あるいは，家庭にいるよりは会社にいて働いている方が，居心地が良いという議論もある。さらに，仕事が終わっても，まっすぐ帰宅しないで，会社の同僚と飲み歩くという習慣もある。こうした事情も，ミクロ経済学の分析用具で説明できないことはない。時間給と労働時間があまり相関していないのは，短期的な賃金変動よりは長期的な所得の総額により関心があるからである。会社の業績が良くなれば，将来昇進して所得が増加するかもしれない。また，退職金が増加することもあるだろう。会社の経費で楽しむ方が経費に算定されて，その分だけ給料が上乗せされるよりも，税金対策として有利だから，会社ぐるみで飲み歩く。勤務時間外での会社のつきあいを重視するのも，それによってチームワークが円滑になり，長期的に仕事の効率が上がるからとも考えられる。

例題9.7

次のようなオークションの入札ゲームを考える。イチローのバットに対して，太郎は18200円，花子は17100円の評価額をもっている。2人の参加者が入札価格を紙に書いて封印し，一番高い値段をつけたものが落札する。2人とも相手の評価額を知っているものとする。500円単位で値段をつけるとしよう。この入札では，どちらがいくらの値段で落札するか。なお，両者が同じ値段をつけたときは，くじで決定する。

2人の入札額に対応するゲームのペイオフは以下のようにまとめられる。

■ 表9-9

太郎＼花子	16500	17000
17000	1200, 0	600, 50
17500	700, 0	700, 0
18000	200, 0	200, 0

花子は17500円以上の値札をつけて落札しても，ペイオフはマイナスになるので，17000円止まりである。太郎の方が評価額が高いのでそれ以上の値段をつけることができる。ただし，18500円以上をつけることはない。

このペイオフから，ナッシュ均衡を求めると，太郎が17500円をつけて花子が17000円をつける解が得られる。つまり，太郎が17000円をつければ，花子は17000円をつけることが最適になる。しかし，花子は17000円をつけるのであれば，太郎は17500円をつける方が望ましい。このとき，花子は17000円以下のいずれの値段をつけても落札できないので，17000円をつけることも最適な戦略になる。

このように，落札価格は参加者のなかの2番目に高い評価額よりもわずかに高い額になる。これは，一般的にオークションで成立する結果である。

問題

◆ 9.10 以下の文章のなかで正しいものはどれか。
(ア) 有限回の繰り返しゲームでも，罰の戦略をうまく使えば，囚人のディレンマを回避することができる。
(イ) 無限回の繰り返しゲームでは，今回協力することで将来の損失を回避する誘因がある。
(ウ) 将来のペイオフを割り引く割引率が高くて，現在の利得を重視するほど，囚人のディレンマを回避することができる。
(エ) 同じプレーヤーの間で何回もゲームをするほど，お互いに相手を出し抜いて短期的な利得を得ようとする。
(オ) 繰り返しのゲームでも囚人のディレンマが簡単には回避できないことが，フォーク定理の政策的意味である。

◆ 9.11 金融破綻に関する以下のようなゲームを想定する。いま，銀行が健全経営を行えば必ずつぶれず，放漫経営を行えばつぶれるとする。もし銀行がつぶれたとき，政府は救済するかしないかを決断する。銀行が健全経営を行ったときの銀行の利得（効用）は1，政府および国民の利得は1とし，銀行が放漫経営を行っても政府が救済しなかったときの銀行の利得は−1，政府および国民の利得は−1，銀行が放漫経営を行って政府が救済したときの銀行の利得は2，政府および国民の利得は0とする。銀行は，健全経営をするときにはその努力コストがかかるため，放漫経営をしてつぶれて政府に救済してもらうときの方が，健全経営をしたときよりも銀行の利得が高いと考える。このとき，ゲームの解はどうなるか。

◆ 9.12 例題9.7のオークションにおいて，「一番高い値段をつけたものが次に高い付け値で落札する」というルールに変更したとき，ゲームの結果はどうなるか。

(→解答は p.246, 247)

10 寡 占

本章では，少数の企業が供給主体として登場する寡占市場を取り上げる。寡占は完全競争と独占の中間的な市場であり，これまでの各章での分析結果がほぼ適用可能である。また，ゲームの理論を用いて分析するのにふさわしい市場でもある。ゲームの理論の諸概念を用いて，寡占企業の代表的なモデル分析を紹介する。

KEY CONCEPTS

●10.1 寡占とは

例題10.1

［1］寡占と複占
　ある産業で財・サービスを供給する企業の数が少数に限定されており，したがって，それぞれの企業が価格支配力をある程度もっており，他の企業の行動によって影響される状態を，寡占という。

　▶複占：寡占のなかでもとくに企業の数が2つに限定されている場合。

［2］同質財と差別財
　寡占市場では，通常，資本財や中間財など企業に対して販売される財は同質財のケースが多く，逆に，消費者に対して販売される財には差別財が多い。

例題10.1

不完全競争市場でもっとも本質的な特徴は，
(ア) 需要曲線が右下がりになる。
(イ) 限界収入が価格よりも低い。
(ウ) かなり広い範囲の生産のもとで平均費用曲線が右下がりになる。
(エ) 生産物が企業間で差別化される。
(オ) かなり広い範囲の生産のもとで平均費用曲線が右上がりになる。

答え：(イ)

　完全競争ではないので，価格と限界収入が一致しない。つまり，1単位追加的に販売したときの収入である限界収入は，価格よりも低くなる。なぜなら，生産量の増加のためには価格を引き下げる必要があるから。この点では，独占企業と同じである。(エ) は不完全競争の1つの特徴であるが，必ずしも差別化が行われなくても，寡占企業が不完全に競争することはあり得る。

　また，(ア) は完全競争市場でも通常観察される需要曲線の形状である。さらに，平均費用曲線が右上がりか右下がりかは，固定費用の大きさに依存する問題であり，完全競争市場と不完全競争市場の本質的な相違ではない。

　完全競争市場と不完全競争市場を分ける大きな点は，それぞれの企業が価格を与件として行動するか，ある程度の価格支配力を持っているかにある。これは企業の数が無数に存在するのか，少数に限定されるかの相違でもある。不完全競争市場では，個々の企業が価格をある程度コントロールできるので，販売量を拡大するには，価格を引き下げる必要がある。したがって，1単位限界的に生産を拡大することで得られる収入の増加分（＝限界収入）は，価格よりも小さくなる。

問題

◆ 10.1 以下の文章のなかで正しいものはどれか。
 (ア) 寡占市場は企業数が少数の市場であり，独占と同じように，価格メカニズムはうまく機能していない。
 (イ) 寡占市場であっても，企業間での価格競争が活発であれば，完全競争市場と同じだけの消費者余剰は確保される。
 (ウ) 寡占市場では，意識的に無意味な差別化が行われるので，独占企業よりも資源配分の無駄は大きくなる。
 (エ) 寡占市場では，完全競争市場と独占市場それぞれのメリットを活用することで，より望ましい資源配分を達成することもできる。
 (オ) 寡占市場でも，多くの企業間で差別化が行われているので，企業間での相互依存関係はあまり重要ではない。

◆ 10.2 寡占市場が生まれる要因としてもっともらしいのは，次のうちでどれか。
 (ア) ごく少数の企業のみ，特別の生産要素を雇用できる。
 (イ) 政府の規制で参入条件が厳しく，ごく少数の企業のみが操業できる。
 (ウ) 規模の生産性がある程度あり，一定の固定費用を負担する必要がある。
 (エ) 消費者の選好が曖昧であり，似たような特定の財に需要がある。
 (オ) 上のすべて。

(→解答は p.248)

●10.2 寡占企業の価格決定

［1］屈折する需要曲線　寡占市場における価格硬直性を説明する有力な概念である。

差別財を生産するある企業の直面する個別需要曲線が，図10-1にあるように，A点で屈折している。

- 現在のA点から価格をその企業のみが引き上げたとき，他の企業は価格の引き上げに追随しないと考えると，需要が大きく落ち込む。そのために，需要曲線の傾きはA点の左上方では緩やかになる。
- A点からその企業が価格を引き下げるとき，他の企業は，同様に価格の引き下げを図ると考えよう。A点の右下方では需要曲線の傾きはかなり急になる。

［2］企業の利潤極大化行動

例題10.3　A点で需要曲線が屈折している場合，限界収入曲線はDHとGFの2つの曲線に分かれて描かれる。

→限界収入曲線は全体として見れば，$DHGF$という折れ曲がった形をとる。

限界収入曲線にHGの幅が生まれる。→外生的なショックがあっても，価格や生産量を変化させない。

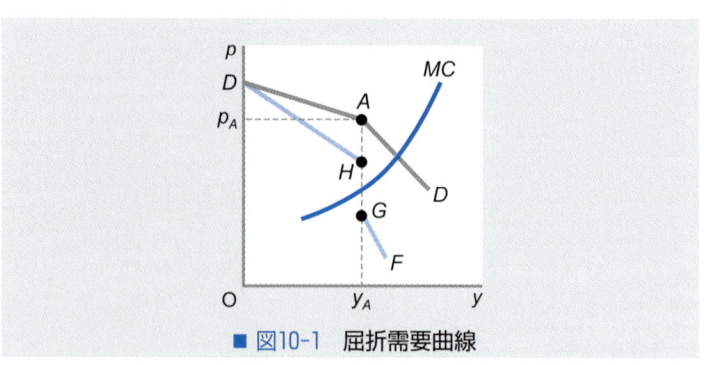

■ 図10-1　屈折需要曲線

[3] カルテルの誘因

もし寡占企業間で協力が可能であり，生産量や価格水準について合意形成ができるのであれば，かりにすべての企業が合併して単一の独占企業として行動した場合の独占利潤を，寡占企業全体としては獲得することができる。寡占企業は協調して価格を上昇させたり，生産量を抑制する誘因がある。

[4] カルテルの不安定性

例題10.2　カルテル行為は生産抑制であるから，その企業からみれば限界収入よりも限界費用の方が低い。1つの企業だけが価格を引き下げて生産を拡大することは容易に可能であり，それによってその企業は大きな利潤を獲得する。

[5] フォーク定理

無限回の繰り返しゲームの状況でカルテルが形成されている場合には，均衡としてカルテルが維持可能である。

カルテル破りをすると，将来他の企業から報復を受けるので，それを考慮すると，すべての企業にとって短期的な利潤を拡大するために，あえてカルテル破りを行う誘因は小さい。

▶ 参入阻止行動

独占あるいは寡占市場においてすでに生産している企業が，これから参入しようとする企業（＝潜在的な参入者）の参入を阻止するために，さまざまな価格，投資行動を行うこと。

▶ 独占的競争

参入の可能性を考慮すると，寡占市場であっても競争は起きる。
——→独占利潤は長期均衡ではゼロになり，価格は平均費用と一致するところまで下落する。

長期均衡の状態を独占的競争と呼ぶ。

例題10.2

カルテル行為が囚人のディレンマであることを説明せよ。

同じ財を生産している2つの企業A，Bが生産の抑制というカルテルを結ぶかどうか，考えている。たとえば，オペックのような石油生産諸国のカルテルである。

カルテルに入る（＝協力する）とお互いに5だけの利得がある。2企業ともにカルテルに入らないで，カルテルなしで競争すると，お互いに利得は2に減少する。しかし，1つの企業がカルテルに入ったままで，生産量を抑制して高い価格をつけようとしているときに，別の企業がカルテルから抜け出すと，その企業は生産を拡大することで大きな利得を得る。たとえば，抜け出した企業の利得は10であり，カルテルを維持しようと生産量を抑制した企業の利得は1になる。

こうしたケースでのゲームのペイオフは以下のようにまとめられる。

■ 表10-1

	協力	非協力
協力	5, 5	1, 10
非協力	10, 1	2, 2

このとき，ナッシュ均衡解は（2, 2）というお互いに非協力の解になる。なぜなら，相手企業が協力する戦略をとる場合でも，非協力の戦略をとる場合でも，もう1つの企業にとっては非協力の戦略をとるのが最適解（＝支配戦略）になるからである。

例題10.3

(1) もし限界収入が限界費用よりも高いとすれば、利潤極大のためにはどうすればいいか。
(ア) 完全競争市場でも不完全競争市場でも生産を増加する。
(イ) 完全競争市場では生産を増加するが、不完全競争市場では必ずしも生産を増加しない。
(ウ) 不完全競争市場では生産を増加するが、完全競争市場では必ずしも生産を増加しない。
(エ) 完全競争市場でも不完全競争市場でも生産を減少する。
(オ) 完全競争市場でも不完全競争市場でも価格を上昇させる。

(2) 不完全競争市場である企業の限界収入が2、平均費用が1.75である。この平均費用は最小値であるとする。利潤を最大にするにはどうすればいいか。
(ア) 価格を引き上げる。
(イ) 価格を引き下げる。
(ウ) 生産を減少する。
(エ) 現状維持。
(オ) 何ともいえない。

答え：(1) は (ア)、(2) は (イ)

(1) 限界収入は生産を拡大する限界的なメリットであり、限界費用は生産を拡大する限界的なデメリットである。限界収入が限界費用を上回るかぎり、生産を拡大することで利潤は増加する。この原則は、市場の競争の程度とは独立である。

(2) 平均費用の最小値は限界費用でもある。したがって、限界収入（＝2）よりも限界費用（＝1.75）の方が小さいから、生産を拡大することが望ましい。そのためには、価格を引き下げて、需要の増大を図るべきである。

問 題

◆ 10.3 長期均衡における独占的競争企業の費用と収入を表す以下の図を前提にして，正しくないものはどれか．
（ア）利潤最大の生産量は OA である．
（イ）長期均衡点は OR である．
（ウ）長期均衡では，独占的競争企業は利潤ゼロになる．
（エ）長期均衡では，過剰生産能力が存在する．
（オ）長期平均総費用は ER である．

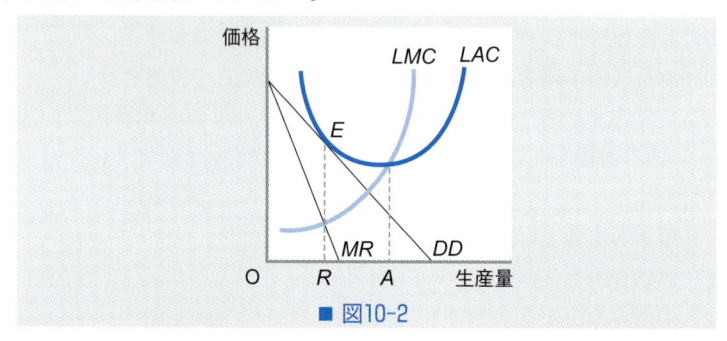

■ 図10-2

◆ 10.4 寡占市場で価格が硬直的である理由として，もっともらしいのはどれか．
（ア）価格調整に大きな費用がかかるので，企業は価格調整を望まない．
（イ）消費者に対する不確実性を小さくする社会的な責任を企業は感じている．
（ウ）企業の直面する需要曲線が屈折すると想定している．
（エ）価格変化を決定してから実際に価格が変化するまでの間に，時間がかかる．
（オ）生産費用が頻繁に変化する．

◆ 10.5 財の販売価格が限界費用よりも高いとする．利潤を最大化するために，企業はどうすればいいか．
（ア）完全競争下でも不完全競争下でも，生産を増加する．
（イ）完全競争下では生産を増加するが，不完全競争下では必ずしも増加するのが望ましいとはいえない．
（ウ）不完全競争下では生産を増加するが，完全競争下では必ずしも増加するのが望ましいとはいえない．
（エ）完全競争下でも不完全競争下でも，生産を減少する．
（オ）完全競争下でも不完全競争下でも，生産ではなくて，価格を上昇させる．

（→解答は p.248）

10.3 クールノー均衡

[1] クールノー・モデル

複占の企業行動のもっとも代表的な考え方は，クールノー・モデルである。このモデルでは，各企業の戦略変数はその企業の生産量である。

[2] クールノー反応曲線

例題10.4　　縦軸に y_2，横軸に y_1 をとると，企業1の反応曲線は右下がりの曲線として描かれる。

企業2の反応関数も，y_1 の減少関数と考えられる。

——→図に示すように，右下がりの企業2の反応曲線を描くことができる。

2つの反応曲線の交点 C が，クールノー均衡点である。

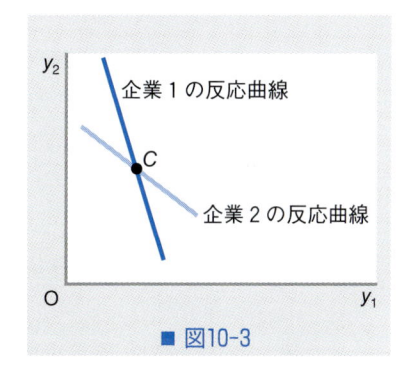

■ 図10-3

このモデルは，お互いの企業の戦略変数が自らの生産量である場合のナッシュ均衡である。

▶ **独占解との比較**　独占利潤はクールノー均衡での利潤よりも大きい。

[3] 企業の数

企業の数が大きくなればなるほど，クールノー均衡での生産量や価格水準は，完全競争市場での生産量や価格水準に近づいていく。

——→企業の数が無限大であれば，クールノー均衡は完全競争解になる。

例題10.4

2つの企業からなる寡占市場での需要曲線が
$$p = 10 - X$$
で表され，また，それぞれの企業の費用関数が
$$c_i = 4X_i$$
で表されるとする。ここで，p は価格，X は総需要量＝総生産量，X_i は企業 i（$i=1, 2$）の生産水準である。このとき，クールノー均衡を求めよ。

まず，企業1の最適化行動を考える。クールノー均衡では企業1は企業2の生産水準 X_2 を与件として自らの最適な生産量 X_1 を決定する。

企業1の利潤は，以下のように与えられる。

$$(10 - (X_1 + X_2))X_1 - 4X_1$$
$$= (6 - (X_1 + X_2))X_1$$

この式を X_1 について微分してゼロとおくと，企業1の主体的均衡条件として

$$X_1 = 3 - \frac{X_2}{2}$$

を得る。これが企業1のクールノー反応関数である。

図10-4に示すように，この反応曲線は右下がりであり，企業2の生産量 X_2 が多くなれば，企業1の生産量 X_1 は減少する。

同様に，企業2のクールノー反応関数を求めると，

$$X_2 = 3 - \frac{X_1}{2}$$

となる。この2つの反応曲線の交点がクールノー均衡点である。

上の2式より，X_1，X_2 について解を求めると

$$X_1 = X_2 = 2$$

となる。これがクールノー均衡での生産水準である。また，それぞれの企業の利潤は4となる。

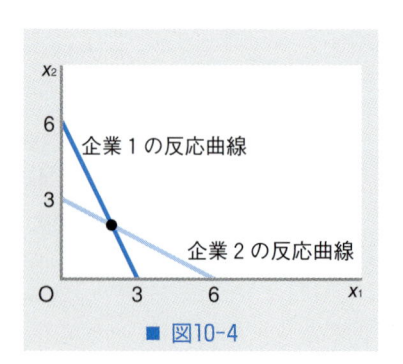

■ 図10-4

問題

◆ 10.6 クールノー均衡に関する以下の文章のなかで正しいものはどれか。
(ア) お互いに相手のつける価格を予想して，行動する。
(イ) 相手の生産量が増加すれば，対抗上自分の生産量も増加させる。
(ウ) 自分の企業の生産にのみ不利な技術的なショックが起きると，相手との競争を考慮して，とくに生産量を抑制することはしない。
(エ) 独占の均衡よりは市場全体の生産量は多くなる。
(オ) 独占と同じ生産水準が市場全体では実現する。

◆ 10.7 例題10.4と同じ条件で寡占市場での企業の数が2ではなくて3であるとき，クールノー均衡でのそれぞれの企業の生産水準とそれぞれの企業の利潤はどうなるか。
(ア) 生産量，利潤ともに増加する。
(イ) 生産量，利潤ともに減少する。しかし，市場全体の生産量は増加する。
(ウ) 生産量は増加するが，利潤は減少する。
(エ) 生産量は減少するが，利潤は増加する。
(オ) 生産量，利潤，市場全体の生産量も減少する。

◆ 10.8 ある財の需要曲線が
　　　　$D = 60 - p$　　　D：需要量，p：価格
で表される。この市場が
(ア) 完全競争市場
(イ) 独占市場
(ウ) クールノー均衡の寡占市場
のそれぞれの場合において，市場全体の均衡需給量を求めよ。ただし，企業の限界費用はゼロとする。

(→解答は p.248, 249)

10.4 ベルトラン均衡

[1] 価格が各企業の戦略変数のモデル

価格が各企業の戦略変数であるときを，ベルトラン・モデルと呼ぶ。

(1) 同質的な財を生産している場合

費用条件が同じであれば，お互いに価格を引き下げることですべての需要を奪おうという誘因が働く。⟶限界費用に価格が一致する均衡が実現する。

(2) 差別化された財の場合

縦軸に p_2，横軸に p_1 をとると，企業1の反応曲線は右上がりとなる。

企業2のつける価格が上昇すると，企業1も追随して価格を上げようとする。

同様に，企業2の反応曲線も右上がりである。

例題10.5　⟶両方の反応曲線の交点が，ベルトラン均衡点 B である。

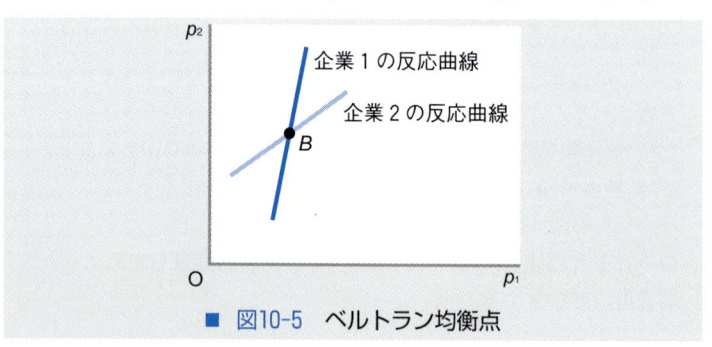

■ 図10-5　ベルトラン均衡点

[2] 戦略的代替・補完関係

- **戦略的代替関係**　クールノー・モデルのように，相手の戦略変数が増加したとき，自分の戦略変数を減少させる反応をとる。
- **戦略的補完関係**　ベルトラン・モデルのように，相手の戦略変数が増加したとき，自分の戦略変数も増加させる反応をとる。

例題10.5

2つの企業1，2の寡占市場で，それぞれの企業の直面する個別需要曲線が以下のように与えられる。

$$X_1 = 10 - p_1 + p_2$$
$$X_2 = 10 - p_2 + p_1$$

ここで，X_1，X_2はそれぞれの企業の生産量，p_1，p_2はそれぞれの企業の財の価格である。また，それぞれの企業の費用関数は

$$C_i = 4X_i \qquad (i = 1, 2)$$

で共通とする。このとき，ベルトラン均衡での価格水準と生産量，利潤を求めよ。

企業1の利潤は

$$(10 - p_1 + p_2)(p_1 - 4)$$

であるから，p_2を所与として最適なp_1を求めると，

$$p_1 = 7 + \frac{p_2}{2}$$

これが企業1のベルトラン反応関数である。図10-6に示すようにこの反応曲線は右上がりとなる。

同様に，企業2のベルトラン反応関数を求めると，

$$p_2 = 7 + \frac{p_1}{2}$$

を得る。これら2つの式を同時に満たすp_1，p_2がベルトラン均衡でのそれぞれの企業が設定する価格水準になる。

$$p_1 = p_2 = 14$$

このときの生産量はそれぞれの企業で10であり，利潤はそれぞれ100となる。

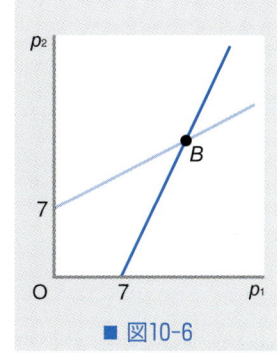

■ 図10-6

問題

◆ 10.9　ベルトラン均衡に関する以下の文章のうちで正しいものはどれか。
（ア）同質財の場合に価格競争をすると，差別財の場合よりも，引き下げ幅は大きくなる。
（イ）同質財の場合には，ベルトラン均衡で考えると，価格競争はあり得ない。
（ウ）差別財の場合，相手企業の価格が上昇すれば，自分の企業の価格を低下させて，シェアを拡大するのが有利になる。
（エ）差別財の場合，相手企業の価格が上昇すれば，自分の企業に対する需要は減少する。
（オ）差別財の場合，自分の企業の限界費用のみが上昇しても，相手との競争を考慮して，価格に転嫁しない方が望ましい。

◆ 10.10　クールノー・モデル，ベルトラン・モデルに関する以下の文章のうちで正しいものはどれか。
（ア）クールノー・モデルでもベルトラン・モデルでも，企業の戦略変数は生産量である。
（イ）クールノー・モデルでもベルトラン・モデルでも，囚人のディレンマが生じる。
（ウ）クールノー・モデルでもベルトラン・モデルでも，反応曲線は右下がりである。
（エ）クールノー・モデルでもベルトラン・モデルでも，戦略的代替関係にある。
（オ）クールノー・モデルでもベルトラン・モデルでも，寡占企業同士が過当競争するので，生産量は最適水準よりも過大になる。

（→解答は p.249）

10.5 シュタッケルベルグ・モデル

[１] クールノー型動学ゲーム

例題10.6　戦略変数が生産水準である２段階の動学ゲームを想定する。ゲームの構造は，以下のようなものである。第１段階で，企業１が生産量 y_1 を決める。第２段階で，企業２は y_1 を既知として y_2 を決める。

▶ 企業２の最適反応関数は，クールノー・モデルでの反応関数と同じである。

▶ 企業１の行動

企業１は y_1 を選択することで，次に，企業２がどのような y_2 を選択するかを合理的に予想する。──▶ 事実上，企業２の反応曲線上の任意の点を企業１が選択できる。

[２] シュタッケルベルグ均衡点

企業２の反応曲線と等利潤曲線との接点 S である。

シュタッケルベルグ点 S は，クールノー点 C よりも右下方になる。y_1 は大きく，y_2 は小さくなっている。

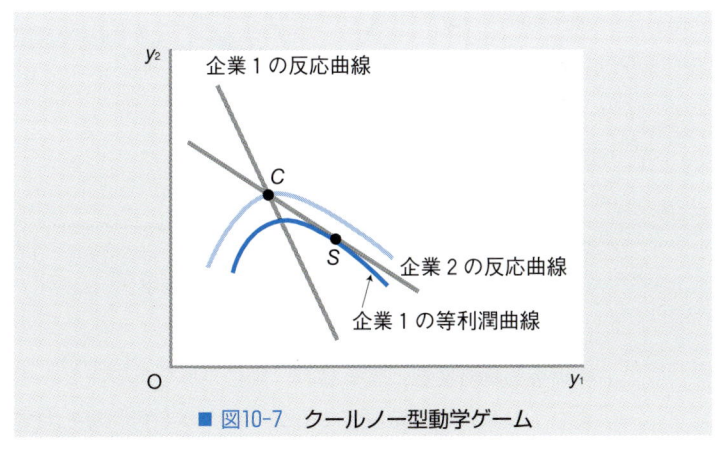

■ 図10-7　クールノー型動学ゲーム

企業１の利潤はクールノー均衡よりも拡大し，反対に企業２の利潤は小さくなっている。

[3] ベルトラン型動学ゲーム

例題10.7　企業1が先に価格 p_1 を設定し，企業2がそれをみてから価格 p_2 を決める2段階の動学のゲームを考える。企業1が価格先導者＝プライス・リーダーであり，企業2が価格追随者＝プライス・フォロアーである。

▶企業2の反応曲線上でもっとも企業1の利潤の高くなる点を企業1は選択する。

　クールノー型と異なる点は，ベルトラン型の場合，等利潤曲線は上方に行くほど，利潤が高くなることである。

[4] シュタッケルベルグ均衡

　ベルトラン均衡に対応するシュタッケルベルグ・モデルでの均衡点 S は，ベルトラン均衡点 B よりは右上方になる。企業2の利潤も拡大している。

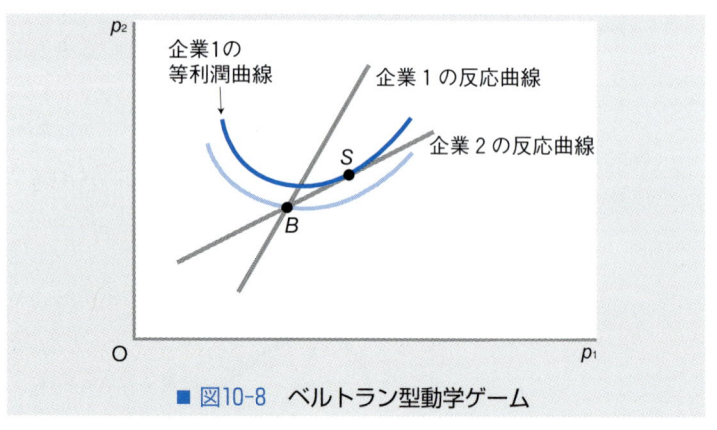

■ 図10-8　ベルトラン型動学ゲーム

[5] 2つのゲームの比較

▶価格を戦略変数とする場合，価格先導企業のみならず価格追随企業も，お互いに同時決定するケースよりも利潤が拡大する。

▶生産量を戦略変数とする場合，先導企業のみが得をして，追随企業は損をする。

例題10.6

2つの企業からなる寡占市場での需要曲線が

$$p = 10 - X$$

で表され,また,それぞれの企業の費用関数が

$$c_i = 4X_i$$

で表されるとする。ここで,p は価格,X は総需要量=総生産量,X_i は企業 i($i=1, 2$)の生産水準である。企業1がリーダー(先導者),企業2がフォロアー(追随者)として行動するときに,クールノー均衡を求めよ。

企業2の行動は10.3節のクールノー均衡と同じである。したがって,例題10.4にあるように,企業2の最適な反応関数は

$$X_2 = 3 - \frac{X_1}{2}$$

となる。企業1はこれを考慮して,最適な生産量を決める。企業1の利潤は

$$\left(10 - \left(X_1 + 3 - \frac{X_1}{2} \right) \right) X_1 - 4X_1$$
$$= \left(3 - \frac{X_1}{2} \right) X_1$$

この式を X_1 について微分してゼロとおくと,企業1の主体的均衡条件として

$$X_1 = 3$$

を得る。これを企業2の反応関数に代入すると,

$$X_2 = 1.5$$

となる。これが,企業1が先導者になる場合のクールノー均衡解である。

このとき,企業1の利潤は4.5になり,企業2の利潤は1.75になる。10.3節のモデルと比較すると,企業1の生産量,利潤が増加している反面,企業2の利潤と生産量が減少している。すなわち,クールノー・モデルでは,先導者が得をし,追随者が損をする。

例題10.7

2つの企業1，2の寡占市場で，それぞれの企業の直面する個別需要曲線が以下のように与えられる。

$X_1 = 10 - p_1 + p_2$

$X_2 = 10 - p_2 + p_1$

ここで，X_1, X_2 はそれぞれの企業の生産量，p_1, p_2 はそれぞれの企業の財の価格である。また，それぞれの企業の費用関数は

$C_i = 4X_i$ 　　($i=1, 2$)

で共通とする。このとき，ベルトラン均衡で，企業1がリーダー（先導者），企業2がフォロアー（追随者）となる場合に，それぞれの企業の価格水準と生産量，利潤を求めよ。

企業2の行動は例題10.5と同じである。すなわち，企業2のベルトラン反応関数を求めると，

$$p_2 = 7 + \frac{p_1}{2}$$

を得る。この式を企業1は考慮して，最適な価格決定を行う。企業1の利潤は

$$\left(10 - p_1 + 7 + \frac{p_1}{2}\right)\left(p_1 - 4\right)$$

であるから，最適な p_1 を求めると，

$p_1 = 19$

となる。したがって，

$p_2 = 16.5$

となる。また，それぞれの企業の生産量は

$X_1 = 7.5$

$X_2 = 12.5$

となる。また，企業1の利潤は112.5であり，企業2の利潤は156.25となる。

ベルトラン均衡では，先導者よりも追随者の企業の方が生産量は大きく，利潤も大きい。ただし，先導者の企業も例題10.5の場合よりは得をしている。

■ 問 題 ■

◆ 10.11　同質の2企業間でのクールノー型動学ゲームにおいて，以下の文章のなかで正しいものはどれか。
　（ア）追随者は先導者の反応関数を考慮して，生産量を決定する。
　（イ）追随者の利潤は先導者の利潤よりも大きくなる。
　（ウ）追随者の生産量は先導者の生産量よりも小さくなる。
　（エ）追随者と先導者でどちらの利潤が大きくなるかは不確定である。
　（オ）追随者も先導者も相手の反応関数をお互いに考慮して，生産量を決定する。

◆ 10.12　同質の2企業間でのベルトラン型動学ゲームにおいて，以下の文章のなかで正しいものはどれか。
　（ア）追随者は先導者の反応関数を考慮して，価格を決定する。
　（イ）追随者の利潤は先導者の利潤よりも大きくなる。
　（ウ）追随者の生産量は先導者の生産量よりも小さくなる。
　（エ）追随者と先導者でどちらの利潤が大きくなるかは不確定である。
　（オ）追随者も先導者も相手の反応関数をお互いに考慮して，価格を決定する。

◆ 10.13　以下の文章のなかで正しいものはどれか。
　（ア）シュタッケルベルグ・モデルは2段階の動学ゲームである。
　（イ）シュタッケルベルグ・モデルでの先導者の最適反応関数は，静学的なゲームと同じになる。
　（ウ）シュタッケルベルグ・モデルは混合戦略のナッシュ均衡モデルである。
　（エ）シュタッケルベルグ・モデルでは囚人のディレンマが生じやすい。
　（オ）シュタッケルベルグ・モデルでは均衡は複数存在することが多い。

◆ 10.14　独占企業Bに対して，新規に企業Aが参入を試みる。企業Aが参入しない場合，企業A，Bそれぞれの利潤は（0, 30）である。企業Aが参入する場合，企業Bは協調するか，しないかという2つの戦略がある。協調する場合，企業A，Bそれぞれの利潤は（10, 15）である。協調しない場合，企業A，Bそれぞれの利潤は（−5, 0）である。このゲームの均衡を求めよ。

（→解答はp.249, 250）

11 外部性

本章では、市場が失敗する代表的なケースである外部性を取り上げる。完全競争市場は、独占や寡占でなくても、いつもうまく機能するわけではない。外部性がある場合には、政府による介入が正当化される。また、公共財という新しい概念の財を導入して、これまで想定してきた私的財との相違を考える。

KEY CONCEPTS

●11.1 市場の失敗

[1] 外部性

外部性とは、ある経済主体の活動が市場を通さなくて、直接別の経済主体の環境（家計であれば効用関数、企業であれば生産あるいは費用関数）に影響を与えることである。

▶ **外部不経済**：他の経済主体に悪い影響を与える外部性。
▶ **外部経済**：他の経済主体に良い影響を与える外部性。

[2] モデル分析

企業1が生産活動 x を行い、企業2に負の外部性（＝公害）$e(x)$ を発生している。x とともに e は逓増する。

企業1、2の利潤 π_1, π_2 はそれぞれ次のように定式化される。

$$\pi_1 = px - c(x)$$

例題11.2
$$\pi_2 = -e(x)$$

ここで、p は x 財の市場価格、$c(x)$ は企業1の費用関数である。

市場機構では、外部効果を無視して企業1の利潤が最大になる点で x の生産水準が決定される。

この $0x^*$ の生産水準では企業2に迷惑をかける社会的コスト $e(x)$ は

考慮されない。

→社会的な最適水準からみると x 財は過大である。

[3] 最適な資源配分

例題11.3　　x の生産を拡大する際の社会的限界費用の計算には，企業1が本来認識している限界費用 MC に加えて，企業2に与える公害の限界費用 MC_e も考慮する必要がある。

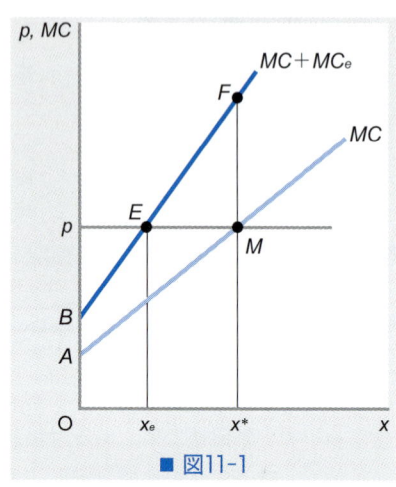

■ 図11-1

[4] 外部経済の内部化

最適生産水準 x_e を市場経済で実現する方法として，2つの企業が合併することが考えられる。

[5] ピグー課税

例題11.1　　外部不経済を出す企業に対して，その外部効果を課税という形で認識させる。

ピグー課税は資源配分の効率性を達成する方法であり，所得分配とは無関係である。

[6] 市場の創設

外部経済は市場を通さないで直接ある経済主体から別の経済主体に影響が及ぶことであるから，そうした影響を通す市場を創設することで，資源配分の最適性が実現される。

例題11.1

2つの地域社会A，Bにおいて環境汚染が規制されている。図11-2のような限界便益と限界費用がそれぞれの地域であるとする。正しいものはどれか。

（ア）規制する場合に2つの地域間で差別する必要はないし，量的規制か罰則規制かでも差別する必要もない。
（イ）規制する場合に2つの地域間で差別する必要はないが，量的規制を罰則規制よりも重視すべきである。
（ウ）規制する場合に2つの地域間で差別する必要はないが，罰則規制を量的規制よりも重視すべきである。
（エ）2つの地域間で差別すべきであるが，量的規制か罰則規制かでは差別すべきでない。
（オ）2つの地域間で差別すべきであり，罰則規制を重視すべきである。

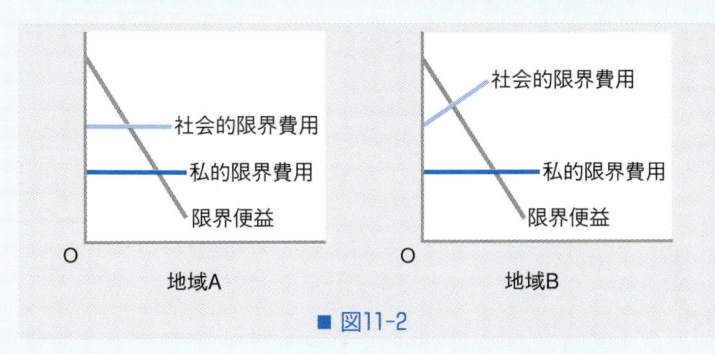

■ 図11-2

答え：（エ）

　この問題で，罰則規制とはピグー課税のように，生産量に税金（あるいは罰金）をかけることで公害をもたらす生産量を抑制することである。量的規制とは，生産量に上限を設定してそれ以上の生産量を認めないという規制である。
　私的限界費用および限界便益は2つの地域で同じであるが，2つの地域間で環境汚染の程度が異なるために，社会的な限界費用は地域間で異なる。

11.1　市場の失敗

したがって，地域間で同じ政策を採用すると，最適な資源配分は達成できない。パレート最適な資源配分はそれぞれの地域において，社会的な限界費用が限界便益と一致する点で求められる。

　地域Bの方が地域Aよりも社会的限界費用が高いから，地域Bにより高い罰則（＝ピグー税率）を適用することで，社会的に最適な生産量は確保できる。同時に，地域Bの生産水準自体を社会的に望ましい水準に量的規制で押さえ込むことでも，同じ状態が達成できる。つまり，地域Aよりも地域Bでより厳しい量的規制を行うことでもよい。

例題11.2

企業1が企業2に対して外部不経済を与えているとする。企業1の費用関数を
$$C = 4X^2$$
企業2に対する外部不経済を
$$e = 2X^2$$
とする。企業1の生産する財の市場価格が80であるとき，
(1) 市場均衡での企業1の生産水準を求めよ。
(2) 社会的に望ましい企業1の生産水準を求めよ。
(3) (2) を達成するために必要となるピグー税率を求めよ。

(1) 企業2に与える外部不経済を考慮しないで，企業1の利潤を最大にする問題である。企業1の利潤は
$$80X - 4X^2$$
であるから，この式を最大にする X の水準を求めると，
$$X = 10$$
となる。これは，限界収入（＝価格）80と私的限界費用 $8X$ が一致する X の水準で求められる。

(2) 社会的には外部不経済を考慮した余剰
$$80X - 4X^2 - 2X^2$$
を最大にする X を生産すべきである。これは，限界収入80と社会的限界費用 $12X(=8X+4X)$ とが一致する水準，$X = \dfrac{20}{3}$ で与えられる。

(3) ピグー税率を t とおくと，企業1の利潤は
$$80X - 4X^2 - tX$$
であるから，企業の主体的均衡条件は，
$$80 = 8X + t$$
となる。この式に社会的に最適な X の水準 $\dfrac{20}{3}$ を代入すると，$t = \dfrac{80}{3}$ となる。これが最適なピグー税率である。

例題11.3

外部経済を発生しているある企業の生産する財の需要曲線（DD），私的限界費用曲線（PMC），社会的限界費用曲線（SMC）が図のように示されている。競争均衡の場合と比較して，企業に外部経済に等しい補助金を与えることで，経済厚生はどう変化するか。

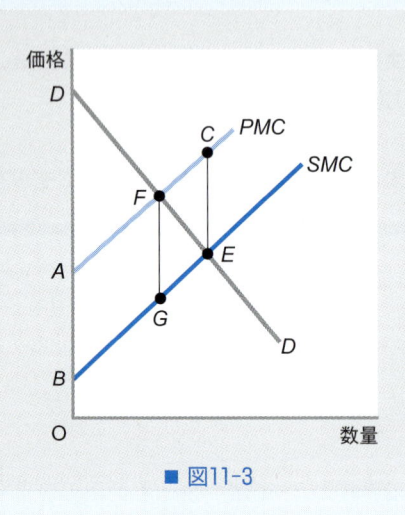

■ 図11-3

PMC は外部効果を考慮しない場合の私的限界費用曲線であるから，企業の供給曲線である。政府が介入しない場合の競争均衡点は F 点である。しかし，外部経済があるので社会的限界費用は SMC である。F 点では生産量が過小であり，その厚生損失は $\triangle FEG$ である。

もし政府が CE に等しい補助金を1単位増産するごとに企業に与えるとすれば，企業の供給曲線は下方に CE の大きさだけシフトする。したがって，社会的最適点 E が実現する。社会的余剰は $\triangle FEG$ の大きさだけ増加する。

問題

◆ 11.1 外部経済は，しばしば稀少な公共資源に適正なレントが徴収されていないことから生じる。これを是正するにはどうすればいいか。
(ア) その資源の生産における限界生産を低下させるために，使用料を徴収する。
(イ) 非弾力的な需要をもつ消費者に対して課税する。
(ウ) その使用コストが社会的な限界費用に等しくなるまで，その資源を利用するごとに使用料を徴収する。
(エ) その使用量を抑制するため，その生産要素を用いてつくられる最終生産物に課税する。
(オ) 上のいずれでも良い。

◆ 11.2 外部効果に関する文章のうちで正しいものはどれか。
(ア) ある経済主体の活動が，市場を通さないで，他の経済主体に及ぼす効果が外部効果である。このうち，負の外部効果の例として公害がある。
(イ) ピグー課税によって外部効果を内部化させても，パレート最適の意味での資源配分の最適化は実現できない。
(ウ) 生産をする際に公害を発生している企業の供給する財の価格に，市場の外部で生じた限界費用が反映されていないとき，市場均衡で決まる生産量は社会的に望ましい水準よりも過小になり，価格は過大になる。
(エ) プラスの外部効果が生じている場合，私的限界費用は社会的限界費用よりも過小になり，市場均衡での生産水準は社会的に望ましい水準よりも過大になる。
(オ) 外部経済が存在してパレート最適が実現できない場合，当事者同士が合併しても，パレート最適な資源配分は達成されない。

◆ 11.3 例題11.1，11.2の数値例でピグー課税で最適な生産量を企業1にもたらすことを考える。もし政府の税収をゼロにするという制約を同時に満たすとすれば，どのようなピグー課税が望ましいか。

(→解答はp.250)

11.2 コースの定理

[1] 企業1に環境汚染権があるケース

政府が介入しなくても，民間の経済主体の自主性にまかせておくだけで，市場の失敗が解決できる。

▶ **コースの定理**：どちらに法的な権利を配分しても，当事者間での自発的な交渉は同じ資源配分の状況をもたらし，しかもそれは効率的になる。

[2] 企業2に環境維持の権利があるケース

例題11.4　企業1が生産活動のため企業2から環境を汚染する権利を購入する。

⟶第1節の市場の創設のケースと対応する。

[3] コースの定理の意義

当事者間にまかせておくだけで，市場の失敗が回避できる。
⟶政府の役割は小さくて十分。

[4] 限　界

- 当事者間で交渉をする場合に権利関係が確定している必要がある。
- 交渉それ自体に費用がかかる。

例題11.4

企業1が企業2に対して外部不経済を与えているとする。企業1の費用関数を

$$C = 4X^2$$

企業2に対する外部不経済を

$$e = 2X^2$$

とする。企業1の生産する財の市場価格が80であるとき，
(1) 企業2に環境維持の権利があるケース
(2) 企業1に環境汚染権があるケース

それぞれのケースで，当事者間の交渉はどういう結果をもたらすか。

（1）企業1は企業2に対して1単位追加的に生産を拡大するに応じて，

$$M(X)$$

の金額を支払う。この $M(X)$ の大きさがどう決まるかは，両者の交渉力に依存するが，生産量については以下のように議論できる。

すなわち，企業1にとっては，1単位生産を拡大することからの私的な利得（＝利潤の増加分）$80-8X$ がこの支払い $M(X)$ よりも大きいときに，ネットで得をする。したがって，

$$80 - 8X > M(X)$$

であれば，企業2に追加的な支払いをして生産を限界的に拡大することが望ましい。企業2にとっては，X の生産拡大による追加的な費用 $4X$ よりも企業1からの補償額 $M(X)$ が大きいならば，X の拡大を受け入れても良い。したがって，

$$M(X) > 4X$$

が X の拡大を認める条件になる。

2つの条件をまとめると，

$$80 - 8X > M(X) > 4X$$

であるかぎり，X の拡大が続く。交渉が終了し，X の拡大が止まる水準は

$$80 - 8X = 4X$$

のときである。これは，$X = \dfrac{20}{3}$ であり，社会的に望ましい生産水準にほかならない。

（2）企業2が X の生産を10の水準（市場均衡）から減少させるときに限界的に $M(X)$ 支払う場合である。（1）と同様に考えると，企業1は

$$80 - 8X < M(X)$$

ならば，生産を減少して私的利潤が減少することを受け入れる。また，企業2は

$$M(X) < 4X$$

ならば，X の減少に対して金銭を支払っても，ネットでまだ得をする。したがって，

$$80 - 8X < M(X) < 4X$$

であるかぎり，交渉は続けられ，X は減少する。最終的に

$$80 - 8X = 4X$$

の条件が成立すれば，交渉は終了する。このときも，X の生産水準は社会的に望ましい水準 $\dfrac{20}{3}$ になる。

問題

◆ 11.4 コースの定理に関する以下の文章のなかで正しいものはどれか。
（ア）汚染企業に汚染する権利がある方がそうでない場合よりも，交渉の結果得られる利得は汚染企業に有利になる。
（イ）交渉による利得は交渉力に依存するので，汚染企業に汚染する権利があるかないかと，汚染する企業の方が有利な配分を受けるかどうかは，何ら関係しない。
（ウ）汚染企業に汚染する権利がある方がそうでない場合よりも，交渉の結果得られる利得は汚染企業に不利になる。
（エ）汚染企業に汚染する権利がある場合，資源配分はパレート最適な状況が実現するが，交渉による利益の配分では，汚染企業がすべての利得を独占する。
（オ）汚染企業に汚染する権利がない場合，資源配分はパレート最適な状況が実現するが，交渉による利益の配分では，汚染企業は何ら利得を得られない。

◆ 11.5 コースの定理の限界を説明するものとして正しいのはどれか。
（ア）当事者は必ずしも合理的に交渉しない。
（イ）当事者は金銭による解決を好まない。
（ウ）当事者は外部効果の程度についてきちんとした情報をもっていない。
（エ）政府の介入に任せた方が安心できる。
（オ）当事者同士がお互いをよく知っている場合は，交渉しにくい。

（→解答は p.251）

11.3 公共財

[1] 公共財とは何か

公共財は，消費における非競合性と排除不可能性から定義される。

▶ **消費における非競合性**：ある人の消費が増加することによって他の人のそのサービスに対する消費が減少しない。

▶ **排除不可能性**：ある特定の人をその財・サービスの消費から排除することが技術的，物理的に不可能である。

[2] 数式による定式化

ある人 i のある財 z の消費量を z_i，その財の経済全体での供給量を Z で表す。

純粋公共財　　$z_i = Z$

私的財　　　　$\sum_i z_i = Z$

[3] 公共財の最適供給：サムエルソンのルール

例題11.6

$$\sum_i (MRS_i) = MRT$$

左辺は公共財と私的財との各人の限界代替率の総和 $\sum MRS$
右辺は公共財と私的財との生産における限界転形率 MRT（= 公共財の限界費用）

　公共財供給の追加的な1単位の限界便益は，すべての個人の限界便益の総和であり，これが公共財供給の追加的な限界コストに等しくなければならない。

[4] 社会全体の需要曲線

例題11.5

個人の公共財の限界評価曲線を縦軸に沿って足しあわせた曲線。
　──▶公共財の社会的な限界評価曲線を示す。
　社会的限界評価曲線と公共財限界費用 MC とが一致する点まで，公共財を供給するのが望ましい。

[5] **ただ乗り**：負担を伴わないで便益を受けること。

公共財の負担を回避する行動の結果として，より小さい負担である程度の便益が利用可能であれば，それもただ乗りとみなせる。

▶ ただ乗りの問題がどの程度現実に重要かは，便益の異質性がどの程度拡大しているかに依存する。

コラム

経済のサービス化

産業構造は時間とともに大きく変化している。価格がシグナルとなって，社会的に稀少性のなくなった産業から社会的に稀少な財やサービスに，人や資本が移動していく。1950年当時のわが国では，第1次産業（農林水産業）に従事していた人は全就業者の50％以上を占めていた。しかし，2000年現在ではその数字は5％程度まで激減している。その一方で，第3次産業（商業やサービス業）に従事していた人の割合は，25％程度（1950年）から65％程度（2000年）に急速に増加している。また，第2次産業（製造業）に従事する人の割合はそれほど大きく変化していない。このように戦後のわが国の大きな構造変化は，もの（ハード）をつくる産業よりも，個人や企業にサービスや知識（ソフト）を提供する企業，産業がより重視される社会になったことである。これが，経済のサービス化（あるいはソフト化）といわれる現象である。

> **例題11.5**
>
> 100人の人がいるとする。そのうち30人は公共財の限界評価を
> $$P = 1 - 0.2G$$
> で考え，また，残りの70人は
> $$P = 3 - 0.1G$$
> で表すとする。公共財の限界費用は一定であり，7とする。パレート最適の公共財水準はいくらか。

最初の30人の公共財限界評価の合計を求める。
$$30 - 6G$$
これは $G < 5$ までプラスの評価となる。

残りの70人の公共財限界評価の合計を求める。
$$210 - 7G$$
これは，$G < 30$ までプラスの評価となる。これらを合計すると，図11-4に示すように，$G < 5$ までは
$$240 - 13G$$
であり，$G > 5$ になると，$210 - 7G$ となる。これが7に等しいのが，最適供給の条件になる。これは $G > 5$ の領域にあるから，最適条件式は
$$210 - 7G = 7$$
となる。したがって，
$$G = 29$$

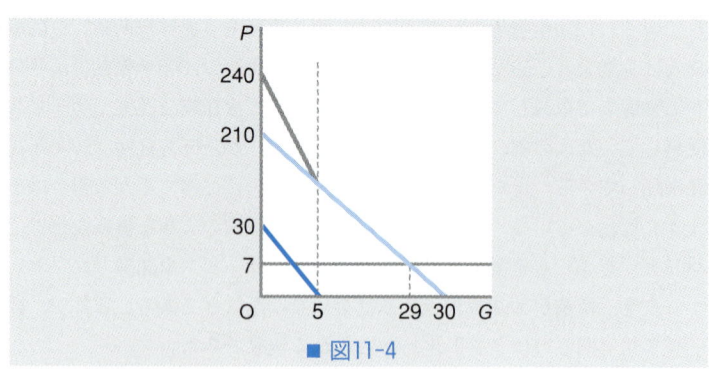

■ 図11-4

例題11.6

サムエルソンのルールについての記述のうち，正しいものはどれか。

(ア) 公平性の価値判断なしには，サムエルソンのルールは，必ずしも，社会的に望ましい公共財の量を決められない。

(イ) どのような公平性の価値判断であっても，サムエルソンのルールから，公共財の最適水準が求められる。

(ウ) 他の条件が一定であれば，経済主体の数が増加しても，最適な公共財の水準は一定のままである。

(エ) 公共財の限界費用が増大すれば，最適な公共財の水準も増大する。

(オ) 公共財の限界評価が増大すれば，最適な公共財の水準は減少する。

答え：(ア)

サムエルソンのルールは資源配分の効率性の条件であるパレート最適な観点から，最適な公共財の供給ルールを決めている。しかし，公共財と私的財を各人にどのように配分するかを決めるためには，一般的に，公平性の価値判断を必要とする。すなわち，一般的な効用関数では，公共財の限界評価はどの私的財をどれだけ消費するかにも依存しており，私的財の配分が最終的に決まらないと，公共財の最適供給量も決まらない。ただし，公共財の限界評価が私的財の消費量に依存しない特殊な効用関数を前提とすれば，サムエルソンのルールのみから公共財の最適水準が決定される。問題11.6を参照。

なお，経済主体の数が増加すれば，最適な公共財の水準は増加する。また，限界費用が増加すれば，最適水準は減少し，逆に，人々の公共財に対する限界評価が増加すれば，最適水準は増加する。

問題

◆11.6 消費者が2人いる経済で、共通の効用関数が、
$$U(x^i, G) = \log x^i + \log G$$
x^i は、その人の私的財の消費、G は公共財の消費 ($i = 1, 2$)。また、外生的な所得は、同じ $W/2$ であるとしよう。公共財の限界費用は1であり、私的財と公共財の相対価格も1としよう。公共財の最適供給水準を求めよ。

◆11.7 公共財に関する記述として、正しいものは次のうちどれか。
（ア）公共財は、政府が供給する財である。
（イ）公共財は、私的な企業によっては供給されない。
（ウ）ある国のなかにとどまっているかぎり、その国の政府が供給する公共財の負担から逃れることはできない。
（エ）公共財は、私的な財よりも、供給する価値のある財である。
（オ）公共財であっても、政府は国民の希望通りにむやみに供給すべきではない。

◆11.8 ある所与の大きさの公共財を建設するかしないかを考える。2人の個人 A, B がともに協力して建設する場合、それぞれは費用の半分を負担する。相手が負担に応じない非協力の場合には、自分がそれでも建設したいと思う全額の費用を負担する。ここで、公共財の建設費用が2、それぞれの個人の公共財からの便益が3であるとき、以下の問いに答えよ。
（1）建設に協力するか、しないかという2つの戦略をゲーム論で考えると、ペイオフ表はどうなるか。
（2）ナッシュ均衡解を求めよ。

（→解答は p.251）

12 不完全情報

本章では，不完全情報がもたらすいくつかの問題を考える。情報が経済主体間で非対称に与えられている場合，市場メカニズムでは円滑に機能しないことがある。相手の行動に関する不完全情報と相手のタイプに関する不完全情報の2つに分けて，この問題を解説する。

KEY CONCEPTS

●12.1 情報の非対称性

[1] 情報の非対称性
　経済主体間で情報が非対称に保有されるという意味で，情報が不完全であるときには，さまざまな興味深い経済現象が生じる。
▶**相手の行動に関する不完全情報**：経済的な取引や契約の対象となっている相手がどのように行動するか監視できない。
▶**相手のタイプに関する不完全情報**：財がどんな品質であるのかがわからなかったり，相手がどのようなタイプの経済主体であるかがわからない。

[2] 保険の契約　相手の行動が監視できないケース
　　──→契約者の行動に関する情報の非対称性

例題12.1　▶**モラル・ハザード**　結果として損失が生じれば，（故意または重過失が立証されないかぎり）すべて保険会社は損害を負担する。
　　──→被保険者にとっては，注意を払わなくても，実質的な損害があまり生じない。
　　──→道徳上のあるべき行為（損害を出さないようにきちんと管理する）がゆがめられる。

[3] 他の例でのモラル・ハザード
・金融機関の救済　　・公営企業の経営

例題12.1

モラル・ハザードに関する以下の文章のうちで正しいものはどれか。

（ア）モラル・ハザードをする個人は，道徳的な倫理が欠如しているので，モラル・ハザードをなくすには，倫理教育が有効である。

（イ）モラル・ハザードをする個人は，利己的な利益を追求するという意味で経済的には合理的行動をしている。

（ウ）相手による監視が適切に行われても，倫理観のない個人はやはりモラル・ハザードをする。

（エ）モラル・ハザードが生じても，それに適切な罰則を課すことで，こうした行為をなくすことは可能である。

（オ）モラル・ハザードが生じても，保険会社は損失を被るが，本人は得をしているので，経済全体の資源配分上はとくに問題ではない。

答え：（イ）

モラル・ハザードをする個人は，利己的な利益を追求するという意味で経済的には合理的行動をしている。これは，受益と負担が乖離している公共財にただ乗りする行動と同じである。個人的には常に人々は利己的に行動する。それが，完全競争市場では資源の最適配分をもたらすが，不完全競争市場ではそうはならない。これと同様に，情報の不完全性があるときに，利己的な行動が資源配分上の損失をもたらすのであって，人々の行動がとくに倫理観に欠如しているわけでもない。

まったく同じ倫理観をもつ個人が，完全情報の世界ではモラル・ハザードを引きおこさない。なぜなら，そうした行動には適切な罰則を課すことができるからである。したがって，モラル・ハザードを完全に解決するには，相手の行動を完全に監視できるという完全情報の前提が必要となる。

なお，モラル・ハザードは経済主体間での単なる所得の再分配ではない。注意義務を怠ることで，経済全体の資源を浪費するため，資源配分の効率性が満たされなくなる。

問 題

◆ 12.1 以下の文章で正しいものはどれか。
 （ア）情報が不完全でもすべての経済主体が同じ情報を共有していれば，市場は失敗しない。
 （イ）情報が不完全であるかぎり，市場は失敗する。
 （ウ）相手がどんな好みをもっているかわからないときは，相手の行動について情報が非対称になる。
 （エ）相手が何をしているのかわからないとき，相手のタイプについて情報が非対称になる。
 （オ）明日の天気をすべての人々がまったく予想できないとき，情報が非対称になる。

◆ 12.2 以下の現象のうちで，情報の非対称性の緩和に役立つものはどれか。
 （ア）企業が自分の供給する財の内容について広告活動を活発にした。
 （イ）第三者の格付け機関が企業の信用度を公表した。
 （ウ）消費者団体がいろいろな企業の供給する財の内容を吟味した。
 （エ）悪い品質の財が供給された場合の企業責任が法律で認められた。
 （オ）上のすべて。

◆ 12.3 以下の現象のうちで，モラル・ハザードにあたるものはどれか。
 （ア）回収料金が高かったので，ゴミを不法に投棄した。
 （イ）食べ放題の料理を注文しすぎて，食べ残した。
 （ウ）赤信号を無視する人に続いて，自分も無視した。
 （エ）親にしかられて，子供が家出した。
 （オ）国が赤字の面倒を見てくれるので，地方自治体が危ない投資に手を出した。

（→解答は p.252）

12.2 エイジェンシーの理論

[1] 依頼人と代理人

依頼人（プリンシパル）と代理人（エイジェント）の2種類の個人が存在する。依頼人は代理人の行動を観察できない。

例題12.2　依頼人はリスクに関して中立的であり，代理人はリスク回避的である。

[2] 賃金契約

生産水準は従業員の努力水準と不確実要因の2つの要因から決定される。従業員が努力を集中すれば生産水準は拡大するが，必ずしも努力水準と生産水準とは1対1には対応しない。

(1) 参加制約：依頼人は代理人に少なくともある水準の効用を保証しなければならない。

(2) 誘因制約：代理人が自らにとって最適な行動を選択することを，依頼人は考慮して問題を解かなければならない。

▶ **リスク中立のケース**

もし，従業員もリスク中立的であれば，出来高払いの賃金契約が最適となる。

▶ **努力が観察できるケース**

従業員がリスク中立的でない場合でも，努力水準が経営者にとって観察できるなら，その努力水準を強制することができる。⟶ 固定給制が最適な賃金契約になる。

▶ **一般的なケース**

一般的にはモラル・ハザードもリスク配分も両方とも無視できない。

最適な賃金契約は単純にリース契約とも固定給契約ともならず，収入を代理人と依頼人とでシェアする形になる。

▶ **モニタリングのコスト**　依頼人が，代理人の行動を監視するために要する情報収集などのコスト。

例題12.2

以下の文章のうちで正しいものはどれか。
（ア）依頼人は代理人の行動を適切に誘導することで，モラル・ハザードを回避できる。
（イ）依頼人はリスク中立であり，代理人はリスク回避であるというのが通常の想定である。
（ウ）もし代理人もリスク中立であれば，固定契約が望ましい。
（エ）もし代理人の行動を完全に監視できるのであれば，出来高払いが望ましい。
（オ）代理人の行動を完全には監視できなくても，代理人のやる気を引き出すには固定契約が望ましい。

答え：（イ）

エイジェンシーの理論では，依頼人はリスク中立であり，代理人はリスク回避であるというのが通常の想定である。このとき，一般的には固定契約も出来高払い契約も望ましくない。

固定契約が望ましいのは，代理人の行動を完全に監視できる場合であり，また，出来高払い契約が望ましいのは，代理人もリスク中立の場合である。なお，そうした極端なケースを別にすれば，依頼人は完全に代理人の行動をコントロールできないから，代理人がある程度のモラル・ハザードを起こすことを回避するのは無理である。

■ 問　題 ■

◆12.4　依頼人と代理人の関係を示すものとして，正しいものはどれか。
　（ア）親と子供
　（イ）企業と家計
　（ウ）ある財の供給者と需要者
　（エ）ビール製造メーカーと日本酒の製造メーカー
　（オ）北海道と沖縄

◆12.5　以下の（　）のなかに適当な用語を入れよ。
　（　）はいつも（　）の行動を監視することができないので，それに代わるものとして（　）によって間接的にコントロールしようとしている。

◆12.6　親が子供をかわいいと思っている。しかし，子供は親からの援助をあてにして，まじめに仕事をしないで，遊びほうける。こうした場合に，2つの選択があるとする。（1）使い道を特定しないお金を与える。（2）特定の支出に限定する援助を行う。どちらが望ましいか。

（→解答は p.252）

12.3 逆選択

[1] 逆選択
相手のタイプがわからない場合には，逆選択という問題が生じる。

▶ **中古車の市場**

売り手と買い手とでその財の質＝タイプに関して情報の格差があるときには，市場がうまく機能しない可能性がある。買い手は，欠陥車をつかまされるかもしれないと用心して，中古車を買いたくても買わない。

例題12.3

⎯→市場全体の規模が小さくなり，最悪のケースでは市場そのものが成立しない。

▶ **政策的な対応**
- 供給を強制する。
- 車検制度の整備。
- ある一定価格以下での売買を禁止する。
- 売り手の側での自発的な対応（自己選択）。
- 買い手側の要求（シグナリング）。

[2] 自己選択　さまざまな分野での料金設定。

医療保険で安い保険料で風邪などの通常の病気しかカバーしない契約と，高い保険料で重病でもカバーする契約の2種類の契約を保険会社が提供し，契約者はどちらの契約かを選択する。

例題12.4

健康に自信のある人は前者の安い保険料を選択し，健康に自信のない人は後者の高い保険料を選択する。

⎯→保険会社にとっても，誰が健康に自信があり，誰が自信がないかの情報を手に入れることができる。

[3] シグナリング
非対称の情報を保有している経済主体の一部が，自らの優位性を

示すために情報を公開したいという誘因をもち，シグナルになるものを見いだす。

▶ **シグナルとしての学歴**
どんな大学に入るかでその学生の生産性の高さが情報として表に現れる。

▶ **その他のシグナル**
企業サイドでのシグナルとして重要なものは，広告である。
店舗などの固定費用も，その店の信用を表すシグナルになり得る。

例題12.3

中古車市場の例で逆選択を説明せよ。

中古車の売り手は，自分の車がどの程度の品質の車であるのか，当然よく知っている。車の外見だけではなく，故障の起こりやすさや起こったときの程度についても，いままでの経験からかなり詳細な情報をもっている。これに対して，中古車の買い手の方は，車を外見のみで判断するしかない。走行距離はメーターで表示されているが，これが改ざんされる可能性は排除できない。また，エンジンの性能などは，実際にある程度走り込んでみないと評価できない。したがって，買い手はその車の質に関してあまり情報をもっていない。

たとえば，「真の」性能が10という車であれば，15の価格で（性能の5割増しで）買いたいと思う買い手と，「真の」性能が10であれば，10の価格で（性能と同じ価格で）売りたいと思う売り手がいるとしよう。完全情報の世界では，両者の間で売買が成立する。しかし，「真の」性能が1の車の所有者も，自分の車は10の性能であるとして，売ろうとする。買い手にとって，中古市場での車の「真の」性能が判別できない場合，どの車の性能も5と判断するかもしれない。そうであれば，7.5の価格でしか買いたくないだろう。そうすれば，7.5以上の「真の」性能を持っている所有者は売ることをやめる。中古市場には性能の悪い車しか出てこなくなる。これを買い手が予想すれば，市場に出てくる車の性能を7.5よりも低く判断せざるを得ない。

このように，売り手と買い手とでその財の質＝タイプに関して情報の格差があるときには，市場がうまく機能しない可能性がある。買い手は，欠陥車をつかまされるかもしれないと用心して，中古車を買いたくても買わない。その結果，市場全体の規模が小さくなり，最悪のケースでは市場そのものが成立しない。

例題12.4

自己選択の例としてもっともらしいのは，どれか。
（ア）ビール製造メーカーが自企業の製品を宣伝した。
（イ）価格を引き下げて，需要を拡大しようとした。
（ウ）自動車メーカーがモデルを早めに変化させて売り上げを伸ばそうとした。
（エ）スポーツクラブが，高い入会金と低い利用料金あるいは低い入会金と高い利用料金という2種類の料金体系で，顧客を集めた。
（オ）消費者が自らの好みが変化したので，今までと同じ価格と所得でも，購入する財の組合せを変更した。

答え：（エ）

　相手のタイプに関して不完全情報をもっている当事者が高いハードルを設定して，良質な相手のみがそれを越えられるようにすれば，結果として良質の相手のみと取引することができる。その結果，良質の相手とそうでない相手が区別される。これが，自己選択あるいはスクリーニングと呼ばれているものである。（ア）（ウ）は非価格競争の例であり，（イ）は価格競争である。また，（オ）は単に消費者の選好（＝好み）が変化して，消費者の主体的均衡点が変化したにすぎない。いずれも情報の非対称性とは無関係な現象である。

問 題

◆ 12.7 シグナリングとして意味のあるのは，以下のどれか。
（ア）中古車の車検制度を厳格にする。
（イ）中古車の売り手が買い手に，一定の走行距離内で保証をつける。
（ウ）非喫煙者に対して喫煙者よりも保険料の安い医療保険を売り出す。
（エ）中小企業に特別の公的融資を行う。
（オ）サラ金の貸出金利に上限を設定する。

◆ 12.8 以下の文章のうちで，正しいものはどれか。
（ア）相手のタイプがわからないとき，モラル・ハザードの問題が生じる。
（イ）逆選択は，相手の行動がわからないときに生じる。
（ウ）就職活動において企業が男女差別をするのは，偏見に基づいており，何の合理性もない。
（エ）もし過去の経験により男子学生と女子学生とで就職後の行動に差がある場合，企業が採用試験である程度の男女差別をすることも合理的な行動になる。
（オ）自己選択は逆選択の特殊ケースである。

◆ 12.9 逆選択の現象としてもっともらしいのはどれか。
（ア）医療保険があるために患者が過剰な治療を需要し，その結果医療費が増大した。
（イ）学歴社会で，学歴の高い人が能力のある人との評価が一般的にあるため，受験戦争が過熱する。
（ウ）有名ブランドの財が珍重されるため，品質の悪い偽物が横行する。
（エ）年齢の高い人ほど病気になりやすいので，市場機構のもとでは高齢者は民間の保険会社による医療保険に加入することが困難である。
（オ）労働市場で，政策的配慮から女性が過度に保護されると，同等の能力を持つ男性が職を得ることが困難になる。

（→解答は p.252, 253）

問題解答

■第1章 需要と供給

◆ 1.1 （エ）。（ア）はむしろ逆であって，個別の経済主体である企業や家計の行動が，ミクロ経済学の対象である。（イ）はミクロ経済学よりも，マクロ経済学により適した記述である。（ウ）は必ずしも成立しない。完全競争市場でなければ，個々の経済主体が最適に行動しても，資源配分は理想的な状態からは乖離する。（オ）は一般均衡分析ではなくて，部分均衡分析にあてはまる。

◆ 1.2 部分均衡，一般均衡，事実解明的な，規範的な，価値判断

◆ 1.3 （ア）マクロ経済学　（イ）ミクロ経済学　（ウ）マクロ経済学　（エ）ミクロ経済学　（オ）ミクロ経済学

◆ 1.4 （ウ）。労働の需要曲線が右にシフトするときには，同じ賃金率のもとで，労働需要が刺激される。（ア）はむしろ，労働需要を減少させる効果である。労働を投入して最終財（たとえばビール）を生産するケースで考えてみよう。今までよりもビールに対する需要が減少すれば，よりビールを生産することが企業にとって損になる。つまり，企業はビールの生産を抑制するために，労働需要を減少させる。（イ）も，労働需要を減少させる。たとえば，労働ではなくて，資本（工場などの機械，設備）を利用する方が得になるケースである。企業は労働者を雇用するのをやめて，機械の利用を増加させる。（エ）は確かに労働需要を刺激するが，そもそも労働需要曲線が労働需要と賃金率との関係を示している。したがって，賃金率の低下は，労働需要曲線上に沿って労働需要を増加させるので，需要曲線自体はシフトしない。

◆ 1.5 減少，需要量，需要，下

◆ 1.6 この需要関数で，シフト・パラメーターは日本酒の価格，ワインの価格，所得水準である。右に需要曲線をシフトさせるのは，需要量を刺激する効果であるから，日本酒の価格の低下，ワインの価格の上昇，所得水準の上昇が考えられる。

◆ 1.7 （ア）

◆ 1.8 価格，供給量，上，価格，供給量，小さ

◆ 1.9 （エ）
◆ 1.10 $p = 5 + 3X$　ここで，価格 $= p$，供給量 $= X$ である。
◆ 1.11 内生変数：価格 p　生産量 X
外生変数：税率 t　賃金率 w
◆ 1.12 （イ）。需要の価格弾力性が 1 の場合は，価格の上昇率と需要量の減少率とが等しくて，購入金額が変化しない。購入金額が変化しないのであるから，当然，価格上昇分だけ需要量は減少している。価格の上昇は需要曲線上の変化であり，需要曲線がシフトすることはない。
◆ 1.13 8 から 6 への価格の減少率は，$\frac{8-6}{8} = 0.25\%$ である。また，100 から 120 への需要量の増加率は，$\frac{120-100}{100} = 20\%$ である。したがって，需要の価格弾力性は，

$$\frac{20}{25} = 0.8$$

となる。価格弾力性は 0.8 であり，1 よりも小さい。このとき，購入金額は 800 から 720 に減少している。需要が相対的に非弾力的（1 よりも小さい）だったために，価格が低下したにもかかわらず，購入金額は増加しなかった。

◆ 1.14 （ア）。弾力性の定義式より，

$$\frac{40}{20} = 2$$

となるから，弾力性は 2 である。これは 1 よりも大きく，需要は相対的に弾力的であるといえる。

◆ 1.15 （オ）。価格弾力性が 1 よりも大きいことを意味するから，（エ）は正しくない。（エ）は弾力性が 1 であることを意味する。また，（イ）（ウ）はそれぞれ価格が非弾力的な状況を示している。（ア）は他の財価格との関係を議論しているが，その財の価格弾力性に関して他の財価格は無関係である。また，将来に購入がのばされるというのは，現時点で購入しないということであり，価格が上昇する場合に需要が大きく減少する（つまり，弾力的である）可能性を示している。

◆ 1.16 $X = 4$ のとき，$p = \frac{1}{3}$ である。需要の価格弾力性は

$$\left(\frac{\Delta X}{\Delta p}\right)\left(\frac{p}{X}\right)$$

とも表現できるから，この式に

$$\frac{\Delta X}{\Delta p} = 3$$

$$\frac{p}{X} = \left(\frac{1}{3}\right)/4 = \frac{1}{12}$$

を代入すると，

$$\left(\frac{\Delta X}{\Delta p}\right)\left(\frac{p}{X}\right) = \frac{3}{12} = 0.25$$

つまり，価格弾力性は0.25である。

◆ 1.17　均衡条件は，$D=S$ であるから，この式に需要，供給それぞれの曲線の式を代入すると，

$$100 - 5p = 37 + 4p$$

あるいは

$$63 = 9p$$

したがって，

$$p = 7$$

これを需要曲線（あるいは供給曲線）に代入して均衡での $D=S$ を求めると，

$$D = S = 100 - 35 = 65$$

◆ 1.18　（エ）。図1に示すように，需要曲線が下方にシフトし，供給曲線が上方にシフトするケースである。したがって，生産量は必ず減少するが，価格変化の方向は不確定となる。

◆ 1.19　（ア）。ビールは水よりも稀少な財である。水は利用価値も高いが供給量も多く，ほとんどゼロに近いコストで供給できる。もし，天候不順で水不足が深刻になれば，水の価格が急騰し，場合によってはビールやガソリンの価格よりも高くなるかもしれない。

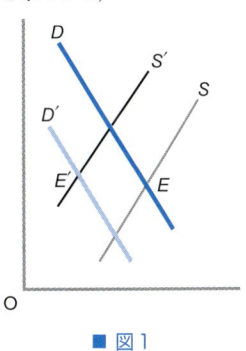

■ 図1

◆ 1.20　（オ）。（ア）から（エ）までは，既存の企業と新規参入企業とで対応の異なる規制であるから，運用しだいでは新規企業に対する参入規制として機能する。（オ）はすべての企業（潜在的な企業，あるいは，これから参入しようとする企業）に適用される規制であるから，参入の障壁にはならない。

◆ 1.21　（ウ）。豚肉を大量に食べていないという前提であるから，外国からの豚肉の輸入制限は国内の他の肉，魚の市場に大きな影響を与えない。したがって，（ウ）が正解である。

◆ 1.22　（イ）。この場合は，需要者がすべて負担する。

■第2章　消費の理論

◆ 2.1　（ア）。限界効用がプラスであるかぎり，その財の消費量を増加させることで，総効用は増加する。限界効用は逓減するから，最初はプラスの大きな値であっても，財の消費水準とともに限界効用が小さくなり，やがてはゼロになる。ただし，限界効用がゼロになったあとで，さらに消費量が増加したとき，限界効用が再びプラスになれば，限界効用がゼロのときに必ず

しも総効用は最大にならない。しかし，限界効用逓減を仮定するかぎり，こうした逆説的状況は排除される。

◆ 2.2 増加分，効用，増加分，逓減
◆ 2.3 （ア）$MU = a$ （イ）$MU = -2aX + b$ （ウ）$MU = \dfrac{1}{X}$ （エ）$MU = Y$
　　　（オ）$MU = aX^{a-1}Y^b$
◆ 2.4 （ア）
◆ 2.5 （イ）。予算制約は消費者が行動する場合に必ず満たさなければならない制約である。また，価格と所得のみに依存するから，それらが同じであれば，個人間で予算線が異なることはない。また，定義によって，同じ予算線であれば，同じ消費金額である。予算線が右上がりの形状をもてば，すべての財の消費量をいくらでも増加させることが可能になる。それでは予算制約として意味をもたない。
◆ 2.6 価格，消費，増加
◆ 2.7 予算制約式を
$$p_X X + p_Y Y = 100$$
とおく。これに問題の数量を代入すると，
$$10 p_X + 45 p_Y = 100$$
$$50 p_X + 25 p_Y = 100$$
という2つの方程式が得られる。これより，p_X, p_Y を求めると，
$$p_X = 1, \ p_Y = 2$$
となる。したがって，予算制約式は
$$X + 2Y = 100$$
である。
◆ 2.8 （オ）
◆ 2.9 （イ）。A財とD財は無差別であるから，D財よりもB財が好まれる。
◆ 2.10 （ウ）。限界代替率逓減の法則は，無差別曲線が原点に対して凸であることを意味する。したがって，主体的均衡点は一意的に決定される。その他の文章も正しい内容であるが，それらは限界代替率逓減の法則から導出されるものではない。
◆ 2.11 （イ）。どちらか一方の財の増加が環境汚染の程度（ゴミの量など）のような不快感を増加させるケースである。つまり，その財の限界効用がマイナスであれば，右上がりの無差別曲線が得られる。
◆ 2.12 主体的均衡の条件を用いる。価格比が限界効用の比に一致するのが最適条件であるから，2財の価格比は1になる。
◆ 2.13 （エ）が主体的均衡の条件である。

◆ 2.14 （イ）。限界効用が低下したのであるから，その財の消費量は増加し，その財からの総効用も増加した。これがすべての財であてはまるから，消費者の効用は増加した。この背景には，所得の増加か価格の低下が考えられる。

◆ 2.15 （ア）。主体的均衡条件は，限界効用の価格比がX，Y財で一致することである。この例では，$\frac{2}{10} > \frac{1}{10}$ であり，X財の方が限界効用の価格比が大きい。したがって，Y財を1単位あきらめて，X財を1単位追加購入すると（これは，価格が同じであるから，予算制約上は可能である），X財の追加的消費増から効用が2だけ増加し，Y財の追加的消費減から効用が1だけ減少するから，全体では総効用は1だけ増加する。

◆ 2.16 （オ）。消費者の消費行動における最適点は，無差別曲線と予算制約線との接点である。主体的均衡とは，その経済主体の最適化行動を表しており，市場均衡の条件とは無関係である。

◆ 2.17 X財の限界効用は a であり，Y財の限界効用は b である。したがって，主体的均衡条件は，

$$\frac{a}{p_X} = \frac{b}{p_Y}$$

となる。ただし，限界効用が一定の効用関数であるため，上の条件式が成立しているときには，X，Y 2財の最適配分は決まらない。どのような2財の組合せでも最適になる。また，上の条件式を満たす価格と比較して，X財の相対価格が高い場合は，すべての所得をY財の消費にあてることが最適になる。逆に，X財の相対価格が低い場合は，全部X財の消費にあてればよい。

◆ 2.18 （イ）。クロスの価格弾力性がプラスであるから，この2財はお互いに代替財である。したがって，1つの財の価格が低下すれば，もう1つの財の需要は減少する。

◆ 2.19 （ウ）。価格弾力性が非弾力であるとは，弾力性が1よりも小さいことを意味する。価格が低下しても，需要の増加はあまりないので，購入額は減少する。

◆ 2.20 （ア）。B財の価格が低下すれば，消費者の予算線は右上方にシフトする。これは実質的な所得が増加した効果（＝所得効果）とみなすことができる。

◆ 2.21 （イ）。A財の価格の低下でA財の需要は増加する。それにつれてB財の需要も増加したのであるから，B財はA財と補完的な財と考えられる。所得効果もB財の需要に影響するが，劣等財であれば，B財の需要は減少するので，B財は劣等財とはいえない。

◆ 2.22 （ア）。ギッフェン財は，価格が低下したときに，その（マイナスの）所得効果の方が代替効果よりも大きくて，その財に対する需要がむしろ減少する財をいう。したがって，所得効果が代替効果よりも大きいことが，ギッフェン財の条件になる。

◆ 2.23 （オ）。お互いに代替財であれば，A財の価格の上昇でB財の需要は増加する。つま

り，クロスの価格弾力性がプラスになる．

◆ 2.24 $Y=50$，$P_w=6$ を需要関数に代入すると，
$$Z = 150 - 8P_z + 100 - 90$$
$$= 160 - 8P_z$$
となる．

◆ 2.25
（1）複数の個人の需要関数をまとめるときには，同じ価格のもとで数量を合計する．したがって，個人1の需要関数を
$$p = 50 - \frac{D_1}{2}$$
と書き直す．同様に，個人2の需要関数も
$$p = 50 - \frac{D_2}{2}$$
となる．これらを合計すると，
$$2p = 100 - \frac{D_1 + D_2}{2}$$
ここで，市場全体の需要 $D = D_1 + D_2$ であるから，
$$2p = 100 - \frac{D}{2}$$
すなわち，
$$p = 50 - \frac{D}{4}$$
これが求める需要関数である．

（2）（1）と同じようにして求めると，
$$p = 50 - \frac{D}{2n}$$
となる．個人の数が多くなるにつれて，需要曲線の傾きはより水平になる．

◆ 2.26 （イ）

■第3章 消費理論の応用

◆ 3.1 選択，上，代替，所得

◆ 3.2 （ウ）

◆ 3.3 （ア）．賃金率が上昇したとき，労働時間が減少し，余暇時間が増加している．賃金率の上昇によるプラスの所得効果が余暇の需要を大きく刺激したためである．したがって，余暇の所得効果が代替効果よりも大きい．

◆ 3.4 （イ）．今までよりも，消費意欲が刺激されるのであるから，同じ所得水準のもとで，

貯蓄意欲は抑制される。したがって，消費曲線が上方にシフトする分だけ，貯蓄曲線は下方にシフトする。

◆ 3.5

（1） 2つの予算制約式より
$$C_1 + \frac{c_2}{1+r} = Y$$
が生涯の予算制約式である。したがって，主体的均衡条件は
$$c_2 = (1+r)c_1$$
となる。これは，2つの消費財の限界効用がそれぞれの価格（この場合は，1と$\frac{1}{1+r}$）に等しいという条件である。

（2） 上の主体的均衡条件を予算制約式に代入すると，
$$2c_1 = Y$$
あるいは
$$c_1 = \frac{Y}{2}$$
これを第1期の予算制約式に代入すると，
$$s = \frac{Y}{2}$$
これが貯蓄関数である。問題のようなコブ=ダグラス型の効用関数では，貯蓄は利子率に依存しない。これは，代替効果と所得効果が完全に相殺するためである。

◆ 3.6 増加，効用水準，高く

◆ 3.7 （エ）

◆ 3.8 （イ）。保険金支払額は200万円，失業する確率が$\frac{1}{2}$，保険料は $200 \times \frac{1}{2} = 100$万円である。保険に加入すれば，失業するしないにかかわらず，この人の年収は$1000 - 100 = 900$万円が，保証される。$U(900)$はBO，保険に入らないときの期待効用はCOであるから，効用の増分はBCになる。

■第4章　企業と費用

◆ 4.1 （ア）。企業の目的はあくまでも利潤の追求である。株主に配当するためというのは，不正確な記述である。単に株主に一定水準の配当をするだけでは不十分である。最大限の利潤を追求して，株価が最大化されていないと，他の資本に乗っ取られる可能性がある。

◆ 4.2 （ア）スポーツ支援が企業イメージの向上にプラスであり，それによって売り上げが期待できたとすれば，リストラで利潤が増加するともいえない。通常は，経費削減効果が効いて利潤が増加する。（イ）タレント投入による販売増加の効果しだいである。（ウ）あまり効果

はないだろう。(エ) 無駄な事務費を削減することは有益である。しかし，程度問題である。(オ) 有利な投資機会であれば，借金をしてでも投資すべきである。

◆ 4.3 (オ)。生産関数は，生産要素と生産量との技術的な関係を示しており，費用とは無関係の関数である。2つ以上の生産要素を投入して，もっとも生産量が多くなるように生産技術を効率的に使う場合の関係を示しており，ある1つの生産要素のみに着目したものでもない。

◆ 4.4 (エ)。収穫逓減は1つの生産要素のみが増加するときに，生産量がどのように変化するかをみるものである。このとき，生産要素の増加とともに，生産量の増加の幅がしだいに減少すれば，収穫逓減という。

◆ 4.5 (ア) 限界生産は $20 - X = 20 - 9 = 11$，平均生産は $20 - 0.5X = 20 - 4.5 = 15.5$ (イ) 限界生産は $X^{0.5} = 9^{0.5} = 3$，平均生産は $\frac{2X^{0.5}}{X} = \frac{6}{9} = \frac{2}{3}$ (ウ) 限界生産は 2，平均生産は $2 - \frac{2}{X} = 2 - \frac{2}{9} = 1.78$

◆ 4.6 生産要素間の限界代替率は，等費用曲線の傾きであるから，2つの生産要素の限界生産の比

$$\frac{6}{3} = 2$$

が限界代替率である。

◆ 4.7 (ア)。等費用曲線の性質は，家計の予算制約線とよく似ている。予算制約線における所得と価格が，等費用曲線では総費用と要素価格に相当する。

◆ 4.8 (エ)。右下がりになるのは，限界代替率逓減を仮定しなくても，成立する。

◆ 4.9 (エ)。(ア) は限界費用が一定でプラスであり，総費用は常に増加する。(イ) は限界費用が一定でマイナスであり，総費用は常に減少する。(ウ) は限界費用が常にマイナスであり，総費用は減少する。(エ) は2次曲線であり，限界費用は $a_1 + 2a_2X$ となるから，X が小さいうちは限界費用はプラスであるが，X が大きくなるとマイナスに転じる。その結果，総費用は最初増加し，次に減少に転じる。(オ) は限界費用が常にプラスであり，総費用は常に上昇する。

◆ 4.10 (ウ)

◆ 4.11 (イ)。生産量が増加するときにかかる費用が可変費用であり，生産量を追加的に1単位増加する際にかかる可変費用の増加が限界費用である。

◆ 4.12 (ウ)

◆ 4.13 平均，最適規模

◆ 4.14 (イ)。LAC 曲線は SAC 曲線の包絡線である。LAC 曲線が右上がりであれば，$LMC > LAC$ となっている。

第5章 生産の決定

◆ 5.1 限界費用と価格が一致するのが，主体的均衡条件である。したがって，価格も10となる。販売収入が5000だから，生産量は $\frac{5000}{10} = 500$ となる。総費用は $8 \times 500 = 4000$ だから，利潤は $5000 - 4000 = 1000$ となる。

◆ 5.2 （ウ）。市場価格の方が平均費用を上回っているので，利潤がプラスである。しかし，限界費用の情報がないので，さらに利潤を増大させることについては，何ともいえない。

◆ 5.3 TR を最大にする Q を求める。TR を Q で微分してゼロとおく。

$$b - 2cQ = 0$$

これより，

$$Q = \frac{b}{2c}$$

が求める値である。

◆ 5.4 （ア）。企業の利潤最大化条件は，価格（=限界収入）と限界費用が一致することである。

◆ 5.5 （ウ）。生産量が拡大するにつれて，平均費用が増大し，総費用も増加しているので，規模の経済現象は生じていない。

　可変平均費用曲線が右上がりでなくても，企業の供給曲線であることは可能である。同様に，右上がりでも，限界生産が逓増する可能性は排除されない。独占企業かどうかとも独立である。利潤がプラスであれば，生産を停止する必要はない。

◆ 5.6 生産量を X とすると，

$$10 = 10X - 5X - 150$$

したがって，

$$160 = 5X$$
$$X = 32$$

である。すなわち，生産量は32であり，価格が10だから，生産額は320になる。

◆ 5.7 （エ）　供給曲線は，短期限界費用曲線にほかならない。これが増加しているから，（エ）が正解。短期の限界費用に関してであるから，（ア）の参入は無関係である。

◆ 5.8 企業の利潤は

$$pY - aY^2$$

となる。なお，p は Y の市場価格である。この式を Y について微分してゼロとおくと

$$0 = p - 2aY$$

したがって，

$$Y = \frac{p}{2a}$$

これが供給関数である。なお，上の条件式は，価格 p と限界費用 $2aY$ が一致することを意味する。

◆ 5.9 （ア）。短期均衡では限界収入と限界費用が一致する。固定費用が大きければ，利潤がマイナスであっても，操業する方が有利な場合もある。ここでは，平均費用よりも価格が低いので，利潤がマイナスになっているが，価格は短期可変費用よりも高いので，固定費用を除けば利潤はプラスである。したがって，生産をしないよりも，生産をする方が損失額を少なくできる。

◆ 5.10 （イ）。長期であっても短期であっても，総費用曲線は等費用曲線と等生産量曲線の接点から求められる。

◆ 5.11 （ウ）

◆ 5.12 （イ）

◆ 5.13 長期均衡では個々の企業は平均費用
$$X + \frac{9}{X}$$
を最小にする点で生産する。この式を X で微分してゼロとおくと
$$X = 3$$
となる。したがって，平均費用の最小値は
$$3 + \frac{9}{3} = 6$$
となる。利潤はゼロになるから，市場価格も 6 である。このときの市場全体での需要量は
$$90 - 6 = 84$$
したがって，企業の数は
$$\frac{84}{3} = 28$$
である。

■第6章　市場と均衡

◆ 6.1 需給均衡条件 $D = S$ より
$$60 - 4P = 40 + 6P$$
$$20 = 10P$$
$$P = 2$$
が均衡価格であり，これを需要（あるいは供給）曲線に代入して，
$$60 - 8 = 52$$
これが，均衡生産水準である。

◆ 6.2 （オ）。短期か長期かは資本設備が調整可能かどうかで決まる問題であって，市場が完

全競争かどうかとは無関係である。
- 6.3　(オ)
- 6.4　(ウ)。価格がどのような水準に決定される場合でも，市場で取引が行われるかぎり，消費者も生産者も利益を得ている。いい換えれば，市場取引で利益があると考える企業や家計のみが市場で実際に取引に応じている。その利益の相対的な大きさは，完全競争市場でも不完全競争市場でも，一般的には何ともいえない。
- 6.5　私的利益，価格，資源配分
- 6.6　均衡価格を求めると

$$4 - 2p = 4p - 2$$

より

$$p = 1$$

したがって，均衡生産量は $X = 2$ となる。図2に示すように，生産者余剰は $\triangle BCE$ であり，消費者余剰は $\triangle ACE$ である。それぞれの面積は

生産者余剰 $= 2 \times 0.5 \times 0.5 = 0.5$

消費者余剰 $= 2 \times 1 \times 0.5 = 1$

となる。

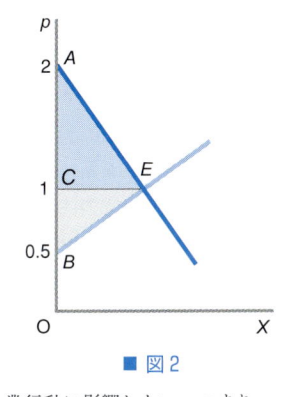

■ 図2

- 6.7　(オ)。固定費用に対する課税は一括固定税であり，企業行動に影響しない。つまり，企業の供給曲線（あるいはそのもとになる限界費用）に影響しない。したがって，均衡価格も生産量も変化しない。
- 6.8　(ウ)。労働を雇用することが割高になるから，労働から資本への代替が起きる。労働雇用は減少し，失業者が増加する。労働の限界生産は，賃金率の上昇に見合って，増加する。そうなるように，労働雇用が減少する。
- 6.9　(エ)
- 6.10　(エ)。(ア) は資源配分の効率性にとって，1つの必要条件であるが，これだけでは資源配分が効率的とはいえない。(ウ) は確かに消費者にメリットがあるが，資源が効率的に利用されているかどうかとは無関係である。(イ) はその消費者の主体的均衡条件とは異なる。
- 6.11　(エ)。パレート最適は，資源配分の効率性に関する条件であり，公平さとは独立である。
- 6.12　(ア)

■第7章　要素価格と所得分配

- 7.1　(ウ)。主体的な均衡条件は生産要素を雇用する限界的なメリットと限界的なコストが

一致することである。

- 7.2 （エ）。限界収入は1単位の追加的な生産からどれだけ収入が増加するかを意味しており，費用関数や生産要素の限界生産性，生産要素の価格とは別の概念である。
- 7.3 （オ）。2つの生産要素A，B間で限界生産と価格の比率が一致することが，主体的均衡条件である。Aの価格だけが低下すると，Aの投入量が増加して，Aの限界生産は低下する。
- 7.4 （オ）。生産要素の価格と生産要素の限界生産物価値が一致することが，要素市場での主体的均衡条件である。
- 7.5 （ア）。土地以外の生産要素も小麦の生産には必要である。労働や機械が多く投入されれば，土地が一定であっても小麦の生産はある程度は増加する。
- 7.6 （エ）。生産要素が1つであっても，多くの経済主体が供給している場合は，完全競争市場になる。したがって，生産要素が2つ以上ある場合と，経済的な帰結は同じである。
- 7.7 （ア）。生産量は変化せず，価格も一定になる。課税分は供給者がそのまま負担する。
- 7.8 （エ）。土地の供給が完全に非弾力的な場合に，地代が純粋な意味でのレントになる。
- 7.9 （イ）。生産関数がコブ＝ダグラス型で特定化されるときには，生産関数のパラメーターで労働と資本の分配率は決定される。実質賃金が上昇すれば，それと同じく，雇用量が減少して，雇用量と実質賃金の積である労働所得の対GDP比は，一定に維持される。
- 7.10 （ア）格差を是正するために，より大きな再分配が必要である。（イ）再分配のために税負担を重くすることの弊害が大きくなったから，再分配の程度を小さくすべきである。（ウ）所得変動のリスクが小さくなれば，結果としての格差も小さくなるので，再分配も必要性が小さくなる。（エ）不公平感が強くなれば，より大きな再分配が望ましい。（オ）核家族化が進行すれば，民間レベルでの助け合いが薄れていくので，それを補正するために，公的な再分配が大きくなる。
- 7.11 （イ）

■第8章 独 占

- 8.1 （ウ）。独占企業の主体的均衡条件より，価格弾力性が小さくなれば，価格を引き上げるのが望ましくなる。これによって，需要量は減少するが，それを上回る価格の引き上げ幅が確保できるので，利潤が増加する。
- 8.2 （ア）。限界収入は2つの総収入の差額である。
- 8.3 （イ）。価格は $\frac{100}{50}=2$ である。これは，限界費用と一致している。独占企業であれば，価格を限界費用よりも大きくすることで，利潤を大きくできる。そのためには，生産量を抑制すればよい。
- 8.4 （オ）。独占企業では供給曲線は存在しない。

◆ 8.5　（ウ）。利潤をあげている以上，収入よりも可変費用の方が少ないはずである。
◆ 8.6　（ウ）。独占企業では，生産量を抑制して，その分だけ価格を引き上げて，独占利潤を享受する。
◆ 8.7　（オ）。要素市場が完全競争であれば，たとえ生産財市場で独占であっても，雇用に関する主体的均衡条件は同じである。
◆ 8.8　（オ）。価格差別化は，独占企業の１つの有力な価格戦略である。
◆ 8.9　（ウ）。独占による弊害は生産量の過小供給であり，独占利潤を政府が消費者に再分配しても，解消されない。また，価格差別政策で独占企業は利益を拡大できるが，同時に，消費者の中でも価格差別政策で得をする人が出てくる。
◆ 8.10　（オ）。自然独占企業も通常の独占企業と同様に，独占利潤を最大にするように行動する。したがって，その生産水準は社会的余剰を最大にする最適規模と比較して，過小になる。
◆ 8.11　限界費用，限界費用，損失
◆ 8.12　（イ）。自然独占の場合，独占企業を分割して，より多くの小規模な企業に生産させると，規模の利益が働かなくなる。
◆ 8.13　（ウ）
◆ 8.14　（ウ）。サンクコスト（埋没費用）がないことが１つの重要な想定である。

■第９章　ゲームの理論

◆ 9.1　（エ）。ゲーム論では，相手のプレーヤーがどのように行動するかを予想して，最適な戦略を決定する。各プレーヤーが戦略を決定すれば，ペイオフは確定する。ゼロサム・ゲームではペイオフの合計はゼロになるが，必ずしもゼロサム・ゲームだけがゲームではない。
◆ 9.2　プレーヤー，プレーヤー，戦略，戦略，プレーヤー，ペイオフ
◆ 9.3　支配戦略は，花子が A で，太郎が b である。また，ゲームの解は（2, 3）となる。
◆ 9.4　（オ）。混合戦略を前提にしないかぎり，ナッシュ均衡は必ずしも存在しない。
◆ 9.5　太郎の最適戦略を求める。花子が C の戦略をとるとき，太郎の最適戦略は N であり，また，花子が N の戦略をとるとき，太郎の最適戦略は N である。同様に，太郎が C の戦略をとるとき，花子の最適戦略は N であり，また，太郎が N の戦略をとるとき，花子の最適戦略は N である。したがって，太郎と花子が N と N の戦略をとり，（−1, −1）というペイオフが実現するのが，ナッシュ均衡になる。このゲームは囚人のディレンマと同じゲームである。
◆ 9.6
　（ア）純粋戦略でのナッシュ均衡は　（野球，野球）（コンサート，コンサート）の２つである。

（イ）太郎が確率 λ で野球を，確率 $1-\lambda$ でコンサートを選択する。花子は確率 μ で野球を，確率 $1-\mu$ でコンサートを選択する。太郎の期待利得は
$$2\lambda\mu + (1-\lambda)(1-\mu) = (3\mu-1)\lambda + (1-\mu)$$
したがって，μ が $\frac{1}{3}$ よりも大きければ $\lambda=1$ が望ましく，$\frac{1}{3}$ よりも小さければ $\lambda=0$ が望ましい。同様に，花子の期待利得は
$$\lambda\mu + 2(1-\lambda)(1-\mu) = (3\mu-2)\lambda + 2(1-\mu)$$
したがって，λ が $\frac{2}{3}$ よりも大きければ $\mu=1$ が望ましく，$\frac{2}{3}$ よりも小さければ $\mu=0$ が望ましい。これより，図3のような最適反応曲線が得られる。混合戦略の均衡点は，2つの反応曲線の交点であり，太郎が確率 $\frac{2}{3}$ で野球を選択し，花子が確率 $\frac{1}{3}$ で野球を選択する組合せとなる。

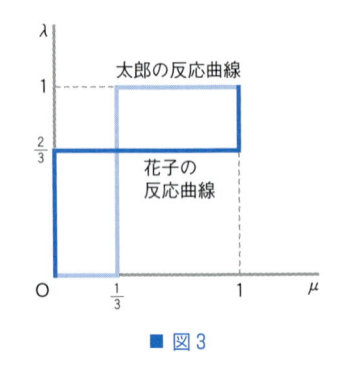

■ 図3

◆ 9.7　ゲームの木は図4のようになる。

太郎の最適戦略は，花子が A のとき a であり，花子が B のとき b である。したがって，花子は A を選択すると1のペイオフになり，B を選択すると2のペイオフになる。花子は B を選択するから，ナッシュ均衡は花子が B，太郎が b を選択する解となる。

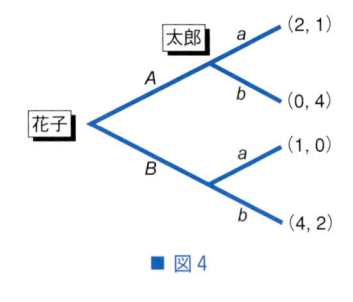

◆ 9.8　（ア）。動学的なゲームでは後ろ向きに解いていかなければならない。

■ 図4

◆ 9.9　一番最後の部分ゲームを考える。B にとっての最適な戦略は Q である。次に，それより1つ前の部分ゲームを考えると，A は次に B が Q をとるとわかっているので，ここで A は Q をとるのが最適となる。このように後ろ向きに解いていくと，A も B も戦略 Q をとるのが部分ゲーム完全均衡となる。したがって，はじめの一手で A が Q を選択してこのゲームは終了する。

◆ 9.10　（イ）。無限回の繰り返しゲームでは，有限回の繰り返しゲームとは異なって，現在の利得よりも将来の損失の方を重視する誘因が生まれる。

◆ 9.11　もし政府が「銀行はつぶさない」と宣言すれば，銀行は放漫経営を行っても必ず救済されるから，銀行は放漫経営を行う。なぜならば，放漫経営をして救済されれば銀行の利得は2で，健全経営をすれば利得は1だからである。しかし，政府は銀行に放漫経営をしてもら

いたいために「銀行はつぶさない」と宣言しているわけではない。やはり，健全経営をしてもらいたい。そのためには，政府は銀行が放漫経営をしてつぶれたときには救済しないという姿勢を示さなければならない。なぜならば，そうすれば銀行が放漫経営をしてつぶれたときに銀行の利得は−1となり，健全経営をしていれば利得が1となるからである。つまり，政府は銀行に健全経営を強いるために「放漫経営をしてつぶれても，救済しない」と宣言しなければならない。

しかし，本当に政府は「放漫経営をしてつぶれても，救済しない」だろうか。もし，銀行が放漫経営をしてつぶれたとき，救済しないならば政府および国民の利得は−1，救済すれば利得は0である。銀行が放漫経営をしてつぶれたことを所与とするならば，政府および国民にとっては救済した方が望ましいことになる。したがって，「銀行が放漫経営をしてつぶれても，救済しない」というのは信用できない脅しになる。

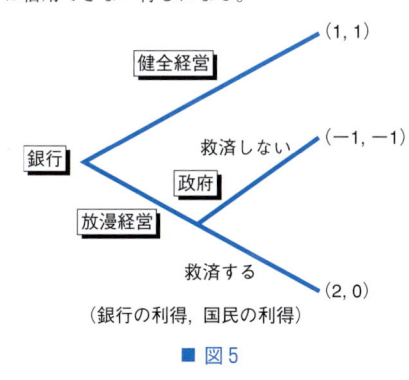

■ 図5

◆ 9.12 ルールの変更により利得表は以下のようになる。

■ 表1

太郎＼花子	16500	17000
17000	1700, 0	600, 50
17500	1700, 0	1200, 0
18000	1700, 0	1200, 0

この場合17500円か，18000円をつけるのが太郎にとって最適戦略になる。花子の最適戦略は17000円をつけることである。したがって，新しいナッシュ均衡は，(17500円, 17000円) と (18000円, 17000円) となる。例題9.7との相違は，今度の場合，太郎が自分の評価額に忠実な額を表示している解がナッシュ均衡になる。このようなオークションでは，自分の正直な評価額を付け値とすることが最適戦略となる。

第10章　寡　占

◆ **10.1**　（ア）。寡占市場も企業数が無限大ではなくて，少数に限定されるという点では，独占企業と同じ性質を持っている。したがって，独占市場で価格メカニズムがうまく機能せず，競争均衡価格よりも市場価格が高くなり，その分だけ生産量が過小になるという傾向は，寡占市場でも同様にあてはまる。

◆ **10.2**　（オ）。いずれの要因も寡占市場の説明要因になり得る。

◆ **10.3**　（ア）。独占的競争の長期均衡では，利潤がゼロになるまで新規参入が行われる。長期均衡点は E 点であり，利潤最大の生産量は OR になる。また，平均費用が最小となる OA と現実の生産量 OR の差額分 RA に相当する過剰生産能力が存在する。

◆ **10.4**　（ウ）。屈折需要曲線の考え方では，企業の直面する需要曲線の傾きが現状の価格よりも上方と下方で異なることを強調する。

◆ **10.5**　（イ）。完全競争市場であれば，価格は限界収入に等しいから，価格が限界費用を上回っているかぎり，生産を拡大するのが望ましい。しかし，不完全競争市場では，価格は限界収入よりも高い。したがって，価格が限界費用よりも高いからといって，限界収入が限界費用よりも高いかどうかは不確定である。

◆ **10.6**　（エ）。クールノー均衡では企業の数が2つ以上であるから，企業の数が1つである独占の均衡と比較すると，市場全体での生産量は多くなり，価格は低くなる。

◆ **10.7**　（イ）。企業1の利潤は

$$(10-(X_1+X_2+X_3))X_1 - 4X_1$$
$$= (6-(X_1+X_2+X_3))X_1$$

これより，企業1の主体的均衡条件として

$$X_1 = 3 - \frac{X_2+X_3}{2}$$

を得る。これが企業1のクールノー反応関数である。

同じように，企業2，3の反応関数を求めると，

$$X_2 = 3 - \frac{X_1+X_3}{2}$$
$$X_3 = 3 - \frac{X_2+X_1}{2}$$

となる。ここで $X_1 = X_2 = X_3$ をそれぞれの式に代入すると，均衡での生産水準は

$$X_1 = X_2 = X_3 = 1.5$$

利潤は1.75となる。生産量，利潤ともに減少している。なお，市場全体の生産量は4.5になるから，企業数が2つの場合の総生産量4よりは大きい。

◆ 10.8

(ア) 完全競争市場での供給曲線は，限界費用（この場合はゼロ）であり，横軸に一致する。
したがって，均衡需給量は
$$D = 60 - p = 60 - 0 = 60$$

(イ) 独占の場合は，限界収入曲線を求めると，
$$D = 30 - 0.5p$$
となる。これと，限界費用曲線 $p=0$ の交点を求めると，
$$D = 30$$

(ウ) クールノー均衡では，企業1の個別需要曲線は
$$D_1 = 60 - X_2 - p \qquad X_2 : 企業2の生産量$$
したがって，限界収入曲線は
$$D_1 = 30 - 0.5X_2 - 0.5p$$
これと $p=0$ を組み合わせると，企業1の反応関数は
$$X_1 = 30 - 0.5X_2$$
同様に，企業2の反応関数は
$$X_2 = 30 - 0.5X_1$$
これら2つの反応曲線の交点を求めると，
$$X_1 = X_2 = 20$$
したがって，市場全体での供給量は
$$D = X_1 + X_2 = 40$$

◆ 10.9 （ア）。ベルトラン均衡では価格競争であるから，差別財よりは同質財の方が引き下げの幅は大きくなる。

◆ 10.10 （イ）。クールノー・モデルでもベルトラン・モデルでもお互いに協力して独占利潤を山分けする方が，お互いに競争するよりは望ましい。しかし，相手が生産量を抑制している（あるいは価格を引き上げている）ときには，自分は生産量を増加させる（あるいは価格を引き下げる）方がいい。

◆ 10.11 （ウ）。クールノー均衡の動学モデルでは，例題10.7にもあるように，追随者の生産量は先導者の生産量よりも小さくなる。

◆ 10.12 （イ）。ベルトラン均衡の動学モデルでは，例題10.8にもあるように，追随者の利潤は先導者の利潤よりも大きくなる。

◆ 10.13 （ア）。

◆ 10.14 このゲームの利得表を表すと，右のようなゲームの木になる。

第2段階での企業Bの最適行動を考える協調しなくて，価格の引き下げ競争をするよりは，協調する方が利潤は大きい。したがって，Bの最適戦略は協調することである。これを前提として，企業Aが第1段階で参入するかしないかを考える。参入しないときよりも，するときの方が利潤は
大きいから，企業Aは参入を選択する。したがって，ゲームの均衡は，企業Aが参入を決定し，企業Bがそれに協調するものになる。企業Bが協調しないという行動にでれば，企業Aは参入しない方が得になる。しかし，企業Bが協調しないという戦略は，実行されない。Bにとっても自分の首をしめることになるからである。このゲームでは，企業Bの参入阻止の脅し（協調しないで対抗措置を取るという戦略）は信用できない脅しである。

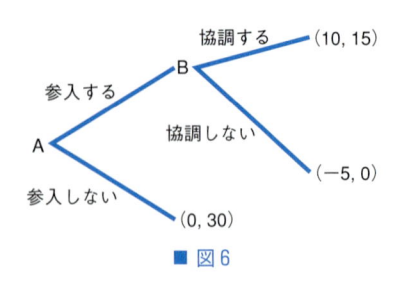

■図6

■第11章　外部性

◆ 11.1 （ウ）。使用料を徴収するのは，私的な費用と社会的な費用を限界レベルで一致させるためであり，その資源の限界生産を低下させるためではない。また，非弾力的な消費需要に課税しても，資源配分に影響しない。その生産要素を用いてつくられる最終財に課税すると，その最終財の資源配分に悪い影響が出てくる。

◆ 11.2 （ア）。（ア）は外部経済の正しい定義である。ここで，市場を通さないという前提が重要である。単に他の経済主体に影響を与えていても，それが価格の変化など市場を通じる影響であれば，外部経済とはいえない。

◆ 11.3 ピグー課税からの税収をゼロにするには，企業が社会的に最適な生産水準から乖離するときに税金を徴収する方法がある。つまり，例題11.2の数値例では $X = \dfrac{20}{3}$ が社会的に最適な生産水準であるから，この水準より乖離するとそれに応じて $t = \dfrac{80}{3}$ で課税すると政府が設定すればいい。企業の利潤は

$$80X - 4X^2 - t\left(X - \dfrac{20}{3}\right)$$

となる。このとき，企業1にとっては主体的均衡条件で

$$80 = 8X + t$$

が依然として成立している。ここで $t = \dfrac{80}{3}$ と課税すると，やはり $X = \dfrac{20}{3}$ を企業1は選択

する。

◆ 11.4 （ア）。汚染企業に汚染する権利がある方がそうでない場合よりも，汚染を減少することに対して金銭的な補償が得られるので，そうでない場合よりも，交渉の結果得られる利得は汚染企業に有利になる。なお，どの程度の金銭的な補償が得られるかは，交渉力に依存する。

◆ 11.5 （ウ）。現実には，当事者同士の交渉で必ずしもすべて解決するともいえない。交渉のコストが1つの重要な要因であるが，それ以外にも（ウ）が指摘するように，当事者自身が外部効果の程度をきちんと把握できていない場合には，交渉はうまくいかない。これは当事者の範囲を確定しにくい不確定多数に関係する大気汚染などで，とくに問題となる。

◆ 11.6 パレート最適の条件は，サムエルソンの条件が成立することである。公共財の限界評価は，それぞれ $\frac{x_1}{G}$, $\frac{x_2}{G}$ であるから，次式が条件式となる。

$$\frac{x_1}{G} + \frac{x_2}{G} = 1$$

ところで，財市場の均衡式は，すべての人の所得が公共財の消費か私的財の消費に配分されねばならないから，次の条件式となる。

$$G + x_1 + x_2 = W$$

これら2式より，G を求めると，

$$G = \frac{W}{2}$$

これが，パレート最適での公共財の供給水準である。

◆ 11.7 （オ）。公共財では受益と負担が乖離しているから，国民は公共財に対する需要を過大に政府に求める傾向がある。したがって，国民の希望どおりに公共財を供給すると，最適水準よりも過大になる可能性が高い。なお，現実の世界では政府が供給する財であっても，私的財はあり得る。また，公共財がどんな私的財よりも価値が高いともいえない。市場で適切な価格が形成されないということと，その価値が高いということは別の次元の議論である。

◆ 11.8 （1）

■ 表2

	協力	非協力
協力	2, 2	1, 3
非協力	3, 1	0, 0

どちらも非協力であれば，公共財は供給されないから，それぞれの利得はゼロである。どちらも協力して供給する場合は，費用2の半分が自己負担になるから，それぞれの利得は$3-1=2$である。相手が協力しないで，自分だけで供給する場合，費用の全額2を負担するから自分の利得は$3-2=1$であり，相手は公共財の便益3にただ乗りできるので，利得も3である。

（2）（非協力，協力）と（協力，非協力）。つまり，相手が公共財の負担に応じない場合に，自分が公共財を全額負担するというのがナッシュ均衡であり，お互いに協力しあう解はナッシュ均衡にならない。

■第12章　不完全情報

◆ 12.1　（ア）。情報が不完全でもすべての経済主体が同じ情報を共有していれば，市場は失敗しない。これは第3章で説明した条件付きの財を想定することで，対応可能である。

◆ 12.2　（オ）。いずれも，情報の非対称性を解消する方向に働く。なお，企業の行う広告には真実と異なるものがあるかもしれない。しかし，広告を繰り返し行える企業は品質の良いものを供給しているという名声を得ることができるし，また，巨額の広告費を投入することはその製品に企業が自信を持っていることを意味しており，真の情報を提供していると判断できる。

◆ 12.3　（オ）

◆ 12.4　（ア）。親が依頼人であり，子供が代理人である。親は子供の行動をみて，資金的な援助をしたいと考える。子供の成績が良ければ援助もはずみたい。しかし，子供の成績は子供の努力の結果であると同時に，運・不運の結果でもある。親は子供の成績についての情報はもっているが，子供がどのくらい努力したのかの情報がわからない。このとき，どのような資金援助のやり方が望ましいのか。これは，エイジェンシーの理論で扱う問題である。（ア）以外の関係は，基本的に対等な個人あるいは団体（経済主体）間での関係であり，エイジェンシーの理論では扱えない。

◆ 12.5　依頼人，代理人，契約

◆ 12.6　（2）。たとえば，住宅ローンへの援助である。子供が住宅を購入すれば，それに対して援助する。子供は住宅を購入しないと親からの援助は期待できない。住宅の購入には多額の自己資金と将来の返済能力を必要とする。定職についた方が，住宅を購入しやすいから，子供もある程度の自助努力が要求される。ぐうたらのままでは，住宅は購入できず，したがって，親からの援助も期待できない。子供はまじめに仕事をせざるを得ない。あるいは，教育費への援助も同様の効果がある。子供が勉強をまじめにすることに援助すれば，子供は，その結果，まじめに働く誘因が高くなる。結果として，ぐうたらになる可能性も小さくなる。これは，モラル・ハザード対策の1つの例とも解釈できる。

◆ 12.7　（イ）

◆ 12.8　（エ）。女子学生のなかでは，就職後にまじめに働く人とそうでなくて結婚相手を見つけるために就職する人の2つのタイプがあるとする。採用試験ではどちらの人も，採用されればまじめに働くと答えるので，企業としては女子学生のタイプをあらかじめ判別することができない。これに対して，男子学生の場合はすべての人が就職後にまじめに働くタイプである

とする。この場合，情報の非対称性があるために，企業が採用に際して，男子学生と女子学生を区別して，男子学生を優遇することは，合理的といえる。これに対して，単に男女差別を禁止するという公的な規制を課すだけでは問題は解決しない。女子学生の間でのタイプに関する情報の非対称性を解消するような方策（たとえば，まじめな人しかクリアーできない資格を採用条件とするなど）が有効になる。

◆ 12.9 （エ）。民間の保険会社では健康な高齢者とそうでない高齢者を見分けることが困難である。健康な高齢者よりも病気がちの高齢者の人が保険を買うようになると，保険料を引き上げざるをえず，ますます，健康な高齢者が逃げ出すから，最終的には高齢者を対象にした民間医療保険は供給が困難になる。

索　引

あ　行

アダム・スミス　3

一般均衡　3
　——分析　1
依頼人　224

X非効率性　155

オークショナー　110

か　行

外生変数　9
外部経済　205
外部性　205
外部不経済　205
価格　6
　——維持政策　118
　——硬直性　188
　——差別　149
　——線　94
　——与件者　109

家計　27
　——の消費行動　27
寡占　185
可変費用　88
カルテル　189
関税　118
間接税　118
完全競争市場　109

企業　71
　——全体の供給曲線　105
　——の利潤極大条件　94
危険分散　66
技術的な限界代替率　78
基数的効用　28
期待効用　66
期待値　66
逆選択　227
供給曲線　9, 100, 109
供給の弾力性　13
競争可能市場　159
行列　24
均衡の安定性　110

クールノー・モデル　193
屈折する需要曲線　188
クモの巣の理論　111
クリーム・スキミング　159
繰り返しゲーム　178

経済主体　1
契約曲線　121
ゲームの理論　165
限界効用　28
　　──均等の法則　38
限界支出曲線　150
限界収入　144
限界生産　74, 75
　　──逓減の法則　74
限界代替率　34
限界賃金支出　149
限界費用　144
　　──価格形成原理　155
　　──曲線　83, 94
顕示選好の理論　67

公害の限界費用　206
公共財　216
厚生経済学の基本定理　122
厚生損失　118
公平性　2
効用関数　27, 55
効用水準　27
効用フロンティア　122
効率性　2
コースの定理　212
固定費用　88

古典派経済学　3
混合戦略　169

さ　行

差別財　185
サムエルソンのルール　216
参加制約　224
参入規制　24
参入阻止行動　189

時間選好率　60
時間の機会費用　24
シグナリング　227
自己選択　227
市場　3
　　──価格　19
　　──均衡点　19, 109
　　──の創設　206
自然独占　155
実質賃金　57
支配戦略　166
資本のレンタル価格　128
社会厚生関数　138
社会的な希少性　19
社会的余剰　115
囚人のディレンマ　166
主体的均衡点　38
シュタッケルベルグ点　199
需要関数　52
需要曲線　5, 52, 109
　　弾力的な──　13
　　非弾力的な──　13
　　──のシフト　5

需要の弾力性　13
需要量　6
準レント　133
上級財　43
消費者余剰　115
情報　221
　　――の非対称性　221
序数的効用　28
所得効果　43, 44
所得消費曲線　43
所得弾力性　43
所得分配率　138

生活必需品　43
生産関数　74
生産者余剰　115
生産の最適規模　89
生産要素　71
正常財　43
贅沢品　43
セットアップ・コスト　155
競り人　110
戦略　165
　　――的代替関係　196
　　――的補完関係　196

操業停止点　95
総利潤　94
損益分岐点　95

た　行

代替効果　44
代替財　15, 45

代理人　224
ただ乗り　217
段階ゲーム　178
短期　71
　　――の総費用　88

超過負担　118
長期　71
　　――の総費用曲線　89
　　――平均費用　105
貯蓄　60
　　――関数　62
　　――の最適点　62

動学的なゲーム　174, 199
同時ゲーム　174
同質財　185
等生産量曲線　78
等費用曲線　79
独占　143
　　――的競争　189
　　――度　144
トリガー戦略　178

な　行

内生変数　9
内部補助　159
ナッシュ均衡解　169

2部料金制度　156

は　行

派生需要　127

索引　257

罰の戦略　178
バブル　134
パレート最適　121
反応曲線　199

ピーク・ロード料金　155
ピグー課税　206
費用関数　82
費用最小化問題　82

フォーク定理　178
不確実性　66
複占　193
部分均衡分析　1
部分ゲーム完全均衡　174
プライス・テイカー　109
プレーヤー　165

ペイオフ　165
平均固定費用　88
平均生産　75
平均費用曲線　84, 94
ベルトラン・モデル　196

飽和水準　28
補完財　45
補償需要　44

ま 行

マークアップ率　144
マーシャル的調整過程　111

見えざる手　115

無差別曲線　34, 55

モニタリング　224
モラル・ハザード　221

や 行

誘因制約　224
輸入制限　118

余暇　56
予算制約式　31

ら 行

利潤　93
　——の追求　71
利子率　62
料金規制　24

劣等財　43
レント　133

労働供給　56
労働市場での均衡点　128

わ 行

割引現在価値　134
ワルラス的調整過程　111

著者紹介

井堀　利宏（いほり　としひろ）
1952年　岡山県に生まれる
1974年　東京大学経済学部卒業
1980年　ジョンズ・ホプキンス大学 Ph.D.
現　在　政策研究大学院大学教授

主要著書
『現代日本財政論』（東洋経済新報社, 1984）
『ストックの経済学』（有斐閣, 1993）
『日本の財政改革』（ちくま新書, 1997）
『経済学演習』（新世社, 1999）
『マクロ経済学演習』（新世社, 2000）
『経済政策』（新世社, 2003）
『入門ミクロ経済学　第2版』（新世社, 2004）
『財政　第3版』（岩波書店, 2008）
『入門マクロ経済学　第3版』（新世社, 2011）
『財政学　第4版』（新世社, 2013）
『演習財政学　第2版』（新世社, 2013）
『入門経済学　第3版』（新世社, 2016）
『コンパクト経済学　第2版』（新世社, 2017）

ミクロ経済学演習

2001年7月10日Ⓒ　　　　初版発行
2019年7月25日　　　　　初版第6刷発行

著　者　井堀　利宏　　発行者　森平敏孝
　　　　　　　　　　　印刷者　杉井康之
　　　　　　　　　　　製本者　米良孝司

【発行】　　　　　株式会社　新世社
〒151-0051　東京都渋谷区千駄ヶ谷1丁目3番25号
☎(03)5474-8818(代)　　　サイエンスビル

【発売】　　　　　株式会社　サイエンス社
〒151-0051　東京都渋谷区千駄ヶ谷1丁目3番25号
☎(03)5474-8500(代)　　振替　00170-7-2387

印刷　(株)ディグ　製本　ブックアート
《検印省略》

本書の内容を無断で複写複製することは，著作者および出版者の権利を侵害することがありますので，その場合にはあらかじめ小社あて許諾をお求め下さい。

サイエンス社のホームページのご案内
http://www.saiensu.co.jp
ご意見・ご要望は
shin@saiensu.co.jp　まで．

ISBN4-88384-028-X

PRINTED IN JAPAN

井堀利宏〈入門／演習〉三部作

入門経済学 第3版
A5判／368頁／本体2,550円

入門マクロ経済学 第3版
A5判／448頁／本体2,900円

入門ミクロ経済学 第2版
A5判／448頁／本体2,950円

経済学演習
A5判／288頁／本体2,200円

マクロ経済学演習
A5判／312頁／本体2,200円

ミクロ経済学演習
A5判／272頁／本体2,200円

＊表示価格はすべて税抜きです。

発行　新世社　　発売　サイエンス社